ENTRETIEN AVEC LE JURY

ADMIS FONCTION PUBLIQUE

CONCOURS 2020-2021

4e édition

ENTRETIEN AVEC LE JURY

Concours et examens professionnels • Catégories A et B

200 questions sur les collectivités territoriales

Fabienne Geninasca
Formatrice CNFPT et attachée territoriale principale
Formatrice IGPDE

Vuibert

Ressources numériques

Offerts en ligne
+ Tutos pour réussir votre entretien
+ Actualité territoriale
sur www.Vuibert.fr/site/208412

ISSN : 2114-9305
ISBN : 978-2-311-20841-2

Conception de la couverture et de l'intérieur : Séverine Tanguy
Composition : Michelle Bourgeois
Crédit photographique : alvarez/iStock by Getty Images

Sommaire
pour se repérer

Travail réalisé

Le fonctionnement et l'organisation des collectivités territoriales et des EPCI

Les finances et la commande publique

PARTIE 3 L'environnement professionnel

PARTIE 4 Le management

Votre concours, votre métier

Depuis près de dix ans, on assiste à une importante évolution des contenus des concours sur l'avenir de la fonction publique. Ceux-ci se complexifient, les exigences en termes de connaissances de l'environnement territorial et professionnel se sont accrues ; d'où la nécessité d'une préparation encore plus anticipée et sérieuse.

La durée de l'entretien varie de 15 à 25 minutes selon le type de concours/examen professionnel, le cadre d'emplois concerné et la catégorie : on est plutôt sur 20 minutes avec 5 minutes au plus d'exposé pour les concours de catégorie B et 20 à 25 minutes pour les concours de catégorie A. Les coefficients affectés à l'épreuve d'entretien oral varient de la même façon.

La composition du jury est également différente.

Aussi, il est absolument indispensable de consulter **la note de cadrage** de l'épreuve orale d'entretien du concours que vous souhaitez passer, afin d'en connaître les modalités précises de déroulement.

C'est un document indicatif destiné à vous éclairer pour préparer au mieux cette épreuve. Il vous permet de comprendre les attentes du jury, les exigences de formes et de fond de l'épreuve et donc de connaître les axes de travail à privilégier pour votre préparation. Vous trouvez ces **notes de cadrage** en consultant par exemple les sites internet du (des) centre(s) de gestion organisateur(s).

Ces notes de cadrage sont donc une ressource très précieuse.

De même, pour ne pas être surpris le jour de l'épreuve, renseignez-vous auprès de collègues qui ont passé cette épreuve et qui ont été reçus, afin d'avoir un premier aperçu des questions susceptibles d'être posées.

C'est la dernière étape à franchir avant d'être inscrit sur la liste d'aptitude correspondant à l'un des concours ou examens professionnels auquel vous avez choisi de vous présenter.

Cette épreuve est essentielle et il ne s'agit en aucune manière d'une simple formalité. D'autant que dans certains concours et examens professionnels, l'épreuve d'entretien avec le jury est **l'unique épreuve** d'admission.

Aussi, il est indispensable que vous **anticipiez votre préparation à l'épreuve d'entretien avec le jury,** avant même la publication ou la communication des résultats des épreuves d'admissibilité. Cette préparation doit se faire, idéalement, en parallèle de votre préparation aux épreuves écrites.

Quel que soit le domaine dans lequel vous travaillez, vous vous devez de pouvoir répondre aux questions présentes dans cet ouvrage car elles sont susceptibles de vous être posées lors de l'entretien avec le jury.

Donnez-vous les moyens de votre réussite !

PARTIE 1

La nature de l'épreuve d'entretien d'admission

1. Une discussion à visée professionnelle

L'épreuve va généralement être libellée de la façon suivante, selon le type de concours ou d'examens professionnels.

Concours externe

Un entretien, ayant pour point de départ un exposé du candidat sur sa formation et son projet professionnel et permettant au jury d'apprécier sa capacité à s'intégrer dans l'environnement professionnel au sein duquel il est appelé à exercer ses fonctions, sa motivation et son aptitude à assurer les missions dévolues au cadre d'emplois.

Concours interne

Un entretien, ayant pour point de départ un exposé du candidat sur les acquis de son expérience et permettant au jury d'apprécier ses motivations et son aptitude à exercer les missions dévolues au cadre d'emplois.

Troisième concours

Un entretien, ayant pour point de départ un exposé du candidat sur les acquis de son expérience, permettant au jury d'apprécier ses motivations et son aptitude à exercer les missions dévolues aux membres du cadre d'emplois ainsi que sa capacité à s'intégrer dans l'environnement professionnel.

Examens professionnels

Un entretien ayant pour point de départ un exposé du candidat sur les acquis de son expérience professionnelle. Cet entretien se poursuit par des questions permettant d'apprécier les facultés d'analyse et de réflexion du candidat ainsi que son aptitude et sa motivation à exercer les missions incombant aux membres du cadre d'emplois et à encadrer une équipe.

Voici quelques exemples de libellés :

Concours	Externe	Interne	3e concours
Filière administrative **RÉDACTEUR**	Un entretien ayant pour point de départ un **exposé** du candidat sur **sa formation et son projet professionnel**, permettant au jury d'apprécier ses **motivations et son aptitude** à exercer les missions dévolues au cadre d'emplois. **Durée : 20 min, dont 5 min au plus d'exposé** (coef. 1)	Un entretien ayant pour point de départ un **exposé** du candidat sur **les acquis de son expérience** et permettant au jury d'apprécier **ses motivations et son aptitude** à exercer les missions dévolues au cadre d'emplois. **Durée : 20 min, dont 5 min au plus d'exposé** (coef. 1)	Un entretien ayant pour point de départ un **exposé** du candidat sur **les acquis de son expérience**, permettant au jury d'apprécier ses **motivations et son aptitude** à exercer les missions dévolues au cadre d'emplois ainsi que sa **capacité à s'intégrer dans l'environnement professionnel.** **Durée : 20 min, dont 5 min au plus d'exposé** (coef. 1)

Concours	Externe	Interne	3e concours
Filière administrative **RÉDACTEUR PRINCIPAL**	L'épreuve d'admission consiste en un entretien, ayant pour point de départ un **exposé** du candidat sur sa formation et son projet professionnel, permettant au jury d'apprécier ses **connaissances**, sa **motivation** et son aptitude à exercer les missions dévolues aux membres du cadre d'emplois et à **encadrer une équipe.** **Durée : 20 min, dont 5 min au plus d'exposé** (coef. 1)	L'épreuve d'admission consiste en un entretien, ayant pour point de départ un **exposé** du candidat sur les **acquis de son expérience**, permettant au jury d'apprécier ses connaissances, sa **motivation**, son **aptitude** à exercer les missions dévolues aux membres du cadre d'emplois et à **encadrer** une équipe. **Durée : 20 min, dont 5 min au plus d'exposé** (coef. 1)	L'épreuve d'admission consiste en un entretien, ayant pour point de départ un exposé du candidat sur les **acquis de son expérience**, permettant au jury d'apprécier ses **connaissances**, sa **motivation**, son aptitude à exercer les missions dévolues aux membres du cadre d'emplois et sa capacité à **s'intégrer dans l'environnement** professionnel et à **encadrer une équipe.** **Durée : 20 min, dont 5 min au plus d'exposé** (coef. 1)

Concours	Sur titres
Filière médico-sociale **– ASSISTANT SOCIO-ÉDUCATIF** **– ÉDUCATEUR DE JEUNES ENFANTS**	L'épreuve orale d'admission consiste en un entretien, ayant pour point de départ un **exposé** du candidat sur **sa formation et son projet professionnel**, permettant au jury d'apprécier sa capacité à s'intégrer dans l'environnement professionnel au sein duquel il est appelé à travailler, sa motivation et son aptitude à exercer les missions dévolues aux membres du cadre d'emplois. **Durée : 20 min, dont 5 min au plus d'exposé** (coef. 2)

Concours	Externe	Interne	3e concours
Filière animation **ANIMATEUR**	L'épreuve d'admission consiste en un entretien ayant pour point de départ un **exposé** du candidat sur sa **formation** et son **projet professionnel** permettant au jury d'apprécier sa **capacité à s'intégrer dans l'environnement** professionnel au sein duquel il est appelé à travailler, sa **motivation** et son **aptitude** à exercer les missions dévolues aux membres du cadre d'emplois. **Durée : 20 min, dont 5 min au plus d'exposé** (coef. 1)	L'épreuve d'admission consiste en un entretien ayant pour point de départ un **exposé** du candidat **sur les acquis de son expérience professionnelle** et permettant au jury d'**apprécier sa motivation et son aptitude à exercer les missions** dévolues aux membres du cadre d'emplois. **Durée : 20 min, dont 5 min au plus d'exposé** (coef. 1)	L'épreuve d'admission consiste en un entretien ayant pour point de départ un **exposé** du candidat **sur les acquis de son expérience professionnelle** et permettant au jury d'apprécier **sa motivation, son aptitude à exercer les missions** dévolues aux membres du cadre d'emplois ainsi que sa capacité à s'intégrer dans l'environnement professionnel au sein duquel il est appelé à travailler. **Durée : 20 min, dont 5 min au plus d'exposé** (coef. 1)

Concours	Externe	Interne	3e concours
Filière animation **ANIMATEUR PRINCIPAL 2e classe**	Entretien ayant pour point de départ un **exposé** du candidat sur sa **formation et son projet professionnel** et permettant au jury d'apprécier ses **connaissances en matière d'animation sociale, socio-éducative ou culturelle,** sa **motivation** à exercer les missions dévolues aux membres du cadre d'emplois et son **aptitude à l'encadrement.** **Durée : 20 min, dont 5 min au plus d'exposé** (coef. 1)	Entretien ayant pour point de départ un **exposé** du candidat sur les **acquis de son expérience professionnelle** et permettant au jury d'apprécier ses **connaissances**, sa **motivation** à exercer les missions dévolues aux membres du cadre d'emplois et son **aptitude à l'encadrement**. **Durée : 20 min, dont 5 min au plus d'exposé** (coef. 1)	Entretien ayant pour point de départ un **exposé** du candidat sur les acquis de son expérience professionnelle et permettant au jury d'apprécier ses **connaissances, sa capacité à s'intégrer dans l'environnement** professionnel au sein duquel il est appelé à travailler, sa **motivation** à exercer les missions dévolues aux membres du cadre d'emplois et son **aptitude à l'encadrement.** **Durée : 20 min, dont 5 min au plus d'exposé** (coef. 1)

Concours	Externe	Interne	3e concours
Filière administrative **ATTACHÉ**	Un entretien visant à apprécier, le cas échéant sous forme d'une **mise en situation professionnelle**, les **connaissances administratives générales** du candidat et sa capacité à les exploiter, sa **motivation** et son **aptitude** à exercer les missions dévolues au cadre d'emplois, notamment dans la spécialité choisie. **Durée : 20 min** (coef. 4)	Un entretien débutant par une **présentation** par le candidat de son **expérience professionnelle** et des **compétences qu'il a acquises** à cette occasion. Cet entretien est suivi d'une conversation visant à apprécier, le cas échéant sous forme **d'une mise en situation professionnelle,** la capacité du candidat à **analyser son environnement professionnel** et à résoudre les **problèmes techniques ou d'encadrement les plus fréquemment** rencontrés par un attaché. Cette épreuve doit permettre au jury d'apprécier l'expérience professionnelle du candidat, sa motivation et son aptitude à exercer les missions dévolues au cadre d'emplois, notamment dans la spécialité choisie. **Durée : 25 min, dont 10 min au plus de présentation** (coef. 5)	Un entretien ayant pour point de départ un **exposé** du candidat sur son **expérience** et les **compétences qu'il a acquises** à cette occasion, sur la base d'un document retraçant son parcours professionnel, remis par le candidat au moment de l'inscription et établi conformément à un modèle fixé par arrêté du ministre chargé des collectivités territoriales. L'entretien vise ensuite à évaluer, le cas échéant sous forme d'une **mise en situation professionnelle**, la capacité du candidat à **s'intégrer dans l'environnement professionnel** au sein duquel il est appelé à exercer, sa **motivation** et son **aptitude** à exercer les missions dévolues au cadre d'emplois, notamment dans la spécialité choisie. **Durée : 25 min, dont 10 min au plus d'exposé** (coef. 5)

Concours	Sur titres
Filière médico-sociale **CONSEILLER SOCIO-ÉDUCATIF**	Entretien, ayant pour point de départ un **exposé** du candidat sur les **acquis de son expérience professionnelle,** permettant au jury d'apprécier les facultés **d'analyse et de réflexion** du candidat, sa **motivation** à exercer les missions dévolues aux membres du cadre d'emplois et **son aptitude à l'encadrement.** **Durée : 25 min, dont 10 min au plus d'exposé** (coef. 4)

Examen professionnel	
Filière administrative **RÉDACTEUR PRINCIPAL 1re classe**	Un entretien ayant pour point de départ un **exposé** du candidat sur les **acquis de son expérience professionnelle** ; il se poursuit par des **questions** permettant d'apprécier les facultés **d'analyse et de réflexion** du candidat ainsi que son **aptitude et sa motivation** à exercer les missions incombant aux membres du cadre d'emplois et à **encadrer une équipe.** **Durée : 20 min, dont 5 min au plus d'exposé** (coef. 1)

Examen professionnel	
Filière administrative **ATTACHÉ PRINCIPAL**	Entretien ayant pour point de départ un **exposé** du candidat sur son **expérience professionnelle.** L'entretien vise ensuite à apprécier les aptitudes de l'intéressé, en particulier en matière **d'encadrement**, ses **connaissances administratives générales**, notamment sur le fonctionnement et les activités des collectivités territoriales ainsi que sa **motivation** à exercer les fonctions généralement assumées par les attachés territoriaux principaux. **Durée : 20 min, dont 5 min au plus d'exposé** (coef. 1)

Examen professionnel	
Filière animation **ANIMATEUR TERRITORIAL PRINCIPAL 1re classe**	Un entretien ayant pour point de départ un exposé du candidat sur les **acquis de son expérience** ; il se poursuit par des **questions** permettant d'apprécier ses **connaissances professionnelles**, ses capacités **d'analyse et de réflexion** ainsi que sa **motivation et son aptitude** à exercer des **missions d'encadrement.** **Durée : 20 min, dont 5 min au plus d'exposé** (coef. 2)

L'intitulé de cette épreuve ne doit pas vous égarer. L'épreuve ne consiste **pas en une conversation à bâtons rompus** avec un jury, mais elle repose, après votre exposé de présentation de votre parcours ou projet professionnel, sur un échange, à partir d'une série de questions, avec le jury, destiné à apprécier vos aptitudes à exercer les missions dévolues au cadre d'emplois ou grade auquel vous souhaitez accéder.

L'épreuve va donc se dérouler généralement en deux temps : **d'abord votre exposé, étape cruciale**, car ce temps vous appartient, il va donner une première « photographie » de vous-même, et surtout, le jury va immédiatement être en mesure d'apprécier si vous avez ou non préparé votre présentation ; il sanctionnera donc sévèrement tout manque de préparation. Ensuite, **l'échange avec le jury** qui ainsi va, d'une certaine manière reprendre la main sur le déroulement de l'épreuve.

Le libellé réglementaire de l'épreuve ne prévoit ni sujet tiré au sort ni temps de préparation ; aussi, les questions posées par le jury appellent des réponses « en temps réel », sans préparation de votre part.

Vous n'êtes pas autorisé à utiliser quel que document que ce soit (ni CV, ni document présentant votre expérience professionnelle) pendant le déroulé de l'épreuve.

Généralement, l'entretien va être précédé d'une très brève présentation des membres du jury : information sur les fonctions exercées, mais sans précision sur leur identité ; vous ne connaîtrez pas le nom des membres du jury, ni l'identité de la structure dans laquelle ils exercent leurs missions. Les membres du jury vous rappellent également succinctement les modalités du déroulement de l'épreuve. Puis, le découpage du temps réglementaire va commencer : les membres du jury vont déclencher un minuteur leur permettant alors de vérifier le temps réglementaire de cette épreuve.

Vous disposez de la totalité du temps réglementaire de l'épreuve ; aussi, l'entretien pourra être interrompu, mais **uniquement sur votre demande expresse**.

2. Le jury

Le jury plénier comprend réglementairement trois collèges égaux (élus locaux, fonctionnaires territoriaux, personnalités qualifiées). Il peut se scinder en groupes d'examinateurs.

Un groupe d'examinateurs peut par exemple être composé d'un adjoint au maire en charge des questions sociales, d'un directeur de CCAS, d'un DGAS « Services population », d'un DGS.

Vous devez bien mesurer la retenue que vous impose votre qualité de candidat face à un jury souverain : la familiarité, l'agressivité sont évidemment proscrites. Le jury, pour sa part, se doit d'accueillir vos réponses avec empathie ou du moins une totale neutralité, qui ne préjuge en rien de la note qu'il vous attribuera à l'issue du temps réglementaire.

3. Un découpage précis du temps

Le jury adopte une grille d'entretien conforme au libellé réglementaire de l'épreuve, qui peut être ainsi précisée :
1. exposé du candidat ;
2. entretien visant à évaluer les aptitudes, le savoir-faire, la posture professionnelle ;
3. motivation, savoir-être.

1. Un exposé chronométré

Vous disposez réglementairement de **5 ou 10 minutes maximum, selon la catégorie A ou B, et s'il s'agit d'un concours ou examen professionnel**, et ce, sans être interrompu. Comme vous n'avez pas la possibilité de vous appuyer sur un support écrit, vous devez **impérativement préparer** cet exposé.

Si votre exposé dépasse le temps réglementaire imparti – 5 ou 10 minutes –, vous serez interrompu par le jury au terme de ce temps. Le jury va alors considérer votre présentation comme inachevée et vous serez pénalisé.

En effet, vous n'avez pas rempli les termes impartis du contrat, alors que vous avez tout le temps nécessaire pour préparer, depuis des mois, votre exposé.

Il en va de même d'un exposé excessivement court – moins de 3 minutes ou moins de 7 minutes.

Lorsque l'exposé n'atteint pas les 5 minutes, le jury, s'étant assuré que le candidat a achevé celui-ci, passe à la phase « échange » de l'épreuve.

La maîtrise du temps est donc indispensable.

2. Un exposé sur le parcours, l'expérience, le projet professionnel

Il ne convient pas de réciter un discours appris par cœur. Cela va nuire à la qualité de votre prestation.

Les attentes du jury sont les suivantes :

- la mise en avant de vos différentes formations, stages, voire de vos activités antérieures au(x) diplôme(s) obtenu(s) ;
- les raisons qui vous ont incité à choisir d'œuvrer pour le service public, les raisons qui vous poussent à vouloir intégrer la fonction publique territoriale ;
- la mise en avant de votre expérience professionnelle, au travers des différentes fonctions exercées ;

– la mise en avant de votre motivation à continuer d'œuvrer pour le service public, et donc votre motivation à passer ledit concours/examen professionnel ; comment vous vous projetez dans l'avenir à court et moyen terme ;
– la mise en avant de votre projet professionnel, des missions que vous voulez exercer, des responsabilités que vous voulez prendre.

Vous devez ainsi valoriser votre expérience et les compétences acquises tout au long de votre parcours professionnel en sachant dépasser une simple énumération chronologique. Il est ainsi essentiel que vous valorisiez vos savoir-faire, savoir-être et savoir-faire faire d'ores et déjà acquis.

Vous serez évalué sur votre capacité à rendre compte clairement de votre expérience, de vos compétences et aptitudes professionnelles, à faire comprendre votre projet professionnel, votre motivation pour passer le dit concours/examen professionnel. Vous serez évalué également sur votre posture professionnelle, liée à la catégorie d'emplois.

Vous devez prendre soin d'équilibrer votre propos tout en mettant davantage en exergue, selon l'intitulé réglementaire de chaque concours/examen professionnel, soit votre formation, vos stages et votre projet professionnel, soit votre expérience professionnelle et votre projection professionnelle.

Votre exposé va se découper généralement en **trois temps : le passé, le présent et le futur.**

Votre exposé doit donc être structuré.

ATTENTION

Quand l'intitulé réglementaire de l'épreuve ne prévoit pas d'exposé préalable de parcours professionnel, les membres du jury vont généralement commencer l'entretien en posant une première question, par exemple :
- Expliquez-nous vos missions actuelles.
- Pourquoi êtes-vous motivé(e) par le fait de passer ce concours/examen professionnel ?
- Quels sont les acquis de votre expérience professionnelle ?

Donc, il importe que, même dans le cas où il n'y a pas de présentation prévue du parcours professionnel, vous anticipiez vos réponses au sujet de : votre formation initiale et vos missions antérieures, vos missions actuelles, votre motivation à passer ledit concours/examen professionnel, les acquis de votre expérience.

4. Le déroulé de l'entretien proprement dit

1. Des questions sous forme de mises en situation professionnelle

Le jury va vous poser des questions portant sur **les projets** que vous avez mis en place, des questions impliquant, de votre part, une réflexion sur le **rôle et le positionnement, sur vos savoir-faire professionnels**.

Les principales questions d'actualité liées au « cœur de métier » du cadre d'emplois ou du grade auquel vous voulez accéder ainsi que les grands principes de l'action publique territoriale, dans le domaine de la filière dont relève le cadre d'emplois ou le grade que vous visez, doivent être connus des candidats.

Le jury va ainsi évaluer votre rapport à l'institution dans vos pratiques professionnelles, votre capacité à vous projeter clairement dans les missions confiées au cadre d'emplois ou au grade que vous souhaitez intégrer.

Le jury va **également et principalement** évaluer votre capacité à devenir un futur encadrant, un futur manager.

Au travers de cette épreuve orale, le jury entend évaluer, chez vous, d'autres qualités que celles nécessaires à la réussite de (des) l'épreuve(s) écrite(s). À travers l'expression orale, le jury vous voit en situation d'éventuel collaborateur. Savez-vous communiquer ? Savez-vous persuader ? Comment vous comportez-vous dans une présentation et une discussion où vous allez révéler votre caractère, votre personnalité, vos qualités humaines, votre présence d'esprit, votre capacité à réagir ?

L'entretien doit donc permettre d'apprécier vos facultés d'analyse et de réflexion, vos aptitudes à exercer les missions du cadre d'emplois ou du grade, votre capacité de recul et votre posture professionnelle en tant que futur encadrant.

2. Des questions sur les connaissances administratives générales, sur les connaissances de l'environnement territorial

L'aptitude à exercer les missions dévolues au cadre d'emplois implique également de votre part une connaissance de l'environnement professionnel, prouvant par là même votre motivation et votre sens du service public et plus particulièrement du service public local.

La connaissance des collectivités territoriales est ainsi indispensable, le jury vérifiant la maîtrise de connaissances basiques qu'un citoyen éclairé et *a fortiori* un fonctionnaire territorial ne sauraient ignorer. Vous devez ainsi être particulièrement **attentif aux questions d'actualité**.

Par conséquent, les questions, pouvant prendre la forme de mises en situation professionnelle, peuvent notamment porter sur les thèmes ci-après, donnés ici à titre indicatif et qui ne sauraient constituer un programme réglementaire :

– Décentralisation et déconcentration.
– Les collectivités territoriales et leurs établissements publics : leurs organes, leur organisation et leurs principales compétences.
– L'intercommunalité.
– Les droits et obligations des fonctionnaires.
– La fonction publique territoriale.
– Les instances du dialogue social.
– La filière médico-sociale (métiers, missions, positionnement des agents).
– Notions en matière de finances publiques locales.
– Les moyens juridiques d'action des collectivités territoriales, la commande publique (marchés publics).
– Les modes de gestion des services publics.
– Le contrôle de légalité des actes des collectivités territoriales.
– La démocratie locale.
– Les relations entre l'administration et les administrés.
– Notions sur les politiques publiques sectorielles, dans le domaine social, des collectivités territoriales.
– L'évaluation des politiques publiques.

Le champ des questions est donc assez vaste. Aussi, il importe, pour optimiser ses chances de réussite, de commencer au moins 2 ou 3 mois, **avant les épreuves écrites**, à préparer l'oral. Faites chaque semaine une fiche thématique, à partir du « programme » ci-dessus. Vous apprenez au fur et à mesure, chaque fiche, afin de ne pas « engorger » la mémoire. Préparez l'oral demande un investissement temps, d'environ 2 à 3 heures par semaine, et donc une certaine régularité.

Il se peut que vous ne sachiez pas répondre à une des questions posées par le jury. Dans ce cas, il ne faut pas faire semblant de savoir, il vaut mieux reconnaître simplement et honnêtement que vous n'avez pas réponse à cette question tout en réfléchissant à une réponse possible.

Vous pouvez tout à fait dire : « Je ne peux pas répondre précisément à votre question, mais on peut peut-être aborder ce problème sous un autre angle… »

Le jury n'attend pas du candidat qu'il ait réponse à tout mais apprécie de le voir réfléchir, se poser les bonnes questions.

5. Une motivation, un savoir-être et un potentiel appréciés tout au long de l'épreuve

Tout au long de l'entretien, le jury cherche à évaluer si le candidat est réellement motivé et prêt à exercer les responsabilités confiées à un assistant socio-éducatif, s'il dispose d'un réel potentiel pour accéder à ce cadre d'emplois et y faire carrière, s'il a un intérêt pour le monde qui l'entoure, notamment pour l'évolution de l'administration territoriale, par exemple à travers des qualités de comportement telles que le dynamisme, la curiosité intellectuelle et l'ouverture d'esprit. Cela suppose du candidat **une capacité à se projeter**.

On mesure ici que cette épreuve orale peut, d'une certaine manière, même si la finalité de l'épreuve n'est pas de recruter un candidat sur un poste bien déterminé, s'apparenter à un entretien de recrutement : le jury s'assure que le candidat est apte à assumer les missions du cadre d'emplois auquel il prétend accéder ; le jury évalue si le candidat répond de façon satisfaisante aux attentes de la déontologie et de la posture professionnelle du cadre d'emplois.

Les membres du jury vont souvent se placer dans une position d'employeur : s'il s'agissait d'un entretien de recrutement en vue de pourvoir un poste confié à un assistant socio-éducatif, ou un rédacteur ou un attaché, ce que dit ce candidat, sa manière de se comporter conduiraient-ils à l'engager ? Au-delà de ses connaissances, fait-il la preuve des aptitudes et des qualités humaines et intellectuelles indispensables pour exercer les fonctions d'un assistant socio-éducatif et répondre au mieux aux attentes de sa hiérarchie, des agents qu'il pourrait être amené à encadrer, et des usagers du service public ?

L'épreuve va ainsi vous permettre de faire la preuve des compétences suivantes :

- **Gérez votre temps :**
  - en inscrivant l'exposé sur votre **expérience**, vos **compétences** et votre **projet professionnel** dans le temps imparti ;
  - en présentant un exposé équilibré.
- **Soyez cohérent :**
  - en annonçant un plan d'exposé sur l'expérience et les compétences réellement suivi ;
  - en veillant à ne pas dire une chose puis son contraire ;
  - en sachant défendre vos idées et ne pas donner systématiquement raison à un contradicteur ;
  - en sachant convenir d'une « absurdité » ;
  - en sachant être rigoureux dans votre raisonnement et solide dans votre argumentation.

- **Gérez votre émotivité, votre stress :**
  – en apportant des réponses sans précipitation excessive, sans hésitations préoccupantes ;
  – en sachant garder, même si vous vous trouvez en difficulté sur une question, une confiance en vous, une sérénité et un sang-froid suffisants pour la suite de l'entretien.
- **Valorisez l'essentiel :**
  – en hiérarchisant les informations qui vous mettent en valeur, par exemple un projet d'une certaine importance ;
  – en évitant une présentation de parcours professionnel exclusivement chronologique, sans mise en avant des acquis de l'expérience, tant en termes de savoir-être que de savoir-faire et savoir faire faire ;
  – en évitant une énumération des différentes tâches exercées, sans regroupement thématique et structuré (compétences en termes de gestion administrative, compétences en termes de gestion et contrôle financier, compétences en termes de management, compétences en termes d'animation de projets).
- **Communiquez :**
  – en ayant réellement le souci d'être compris, grâce à une expression claire ;
  – en vous exprimant à haute et intelligible voix ;
  – en adoptant une élocution ni trop rapide, ni trop lente ;
  – en vous adressant à l'ensemble du jury sans privilégier abusivement un seul interlocuteur ;
  – en sachant faire partager au jury une certaine aisance.
- **Appréciez justement sa hiérarchie :**
  – en adoptant un comportement adapté à votre condition de candidat face au jury ;
  – en sachant n'être ni péremptoire ni excessivement sûr de vous, et sans contester les questions posées ;
  – en sachant argumenter en cas de désaccord avec le jury, tout en étant nuancé.
- **Mettez en œuvre curiosité intellectuelle et esprit critique :**
  – en manifestant un réel intérêt pour l'actualité et une ouverture d'esprit ;
  – en sachant opposer des arguments fondés à ceux du jury ;
  – en sachant profiter d'une question pour valoriser des connaissances pertinentes ;
  – en sachant démontrer la multiplicité de vos centres d'intérêt.
- **Prouvez votre potentiel de futur cadre/manager :**
  – en ayant la pleine mesure du rôle d'un cadre/manager ;
  – en sachant analyser les situations avec objectivité et sagacité ;
  – en sachant vous positionner dans le processus décisionnel.

Vous devez être particulièrement convaincant et *in fine* ne laisser subsister aucun doute dans l'esprit des membres du jury quant à la qualité et à la crédibilité de votre prestation. À l'issue de cet entretien oral, il faut que les membres du jury puissent naturellement aboutir à la conclusion suivante : ce candidat « mérite » d'être admis.

6. Conseils pratiques pour le jour J

1. Avant l'entretien

■ Si vous le pouvez, prenez quelques jours de congé avant le concours. En tout cas, ne travaillez pas la veille afin d'avoir l'**esprit dégagé** du cadre professionnel.

■ Privilégiez une **bonne nuit de sommeil**, d'au moins sept heures. Si vous savez que les situations stressantes peuvent vous empêcher de bien dormir, parlez-en à votre médecin. Il saura vous proposer une solution adaptée. Pensez aussi à la relaxation (massage, sophrologie…). Il est en effet indispensable de vous présenter aux membres du jury en étant reposé, avec toutes vos facultés de concentration.

■ Ne portez pas de tenue excentrique, sachant qu'il n'y a pas de tenue type. Choisissez des **vêtements sobres**, dans lesquels vous vous sentez à l'aise et qui vous permettent de respirer aisément (pas de tenues trop serrées qui bloqueraient la respiration, accentuant le stress). Vous pouvez tout à fait porter un jean ; encore faut-il qu'il soit « classique », c'est-à-dire ni troué, ni délavé. Évitez également les tee-shirts avec slogans.

Évitez les décolletés plongeants, pour deux raisons : d'abord, les membres du jury doivent pouvoir vous regarder « droit dans les yeux », sans que leur attention n'en soit détournée ; ensuite, le stress se manifeste souvent par des plaques rouges sur le cou, puis le visage. Alors faites en sorte que les membres du jury ne soient pas gênés par ces manifestations extérieures de stress. Quant aux bijoux, évitez les bracelets. Ils risquent de cliqueter à chaque fois que vous reposerez votre main sur la table et cela peut être désagréable pour les membres du jury.

Ne prévoyez pas de mettre une cravate ou un costume si vous n'en portez jamais. Les membres du jury s'apercevront rapidement que vous n'êtes pas à l'aise.

■ Planifiez à l'avance **votre trajet**, que ce soit en transports en commun ou en voiture. Si vous êtes convoqué tôt le matin, sachant que les temps de déplacement sont parfois longs et surtout aléatoires, prévoyez de la marge. Au besoin, n'écartez pas la possibilité de réserver un hôtel afin d'être sur place la veille. C'est un moyen d'éviter toute angoisse supplémentaire liée aux déplacements.

2. Le jour de l'entretien

■ Pensez à prendre avec vous une **bouteille d'eau fraîche**, que vous aurez sortie du réfrigérateur au dernier moment (le froid aide à réduire le stress). Elle vous permettra de mieux gérer le temps d'attente et de boire une gorgée d'eau avant votre prise de parole. Cela évitera que le jury ne perçoive une gorge très sèche, signe manifeste de stress.

■ Apportez un livre ou écoutez de la musique en attendant votre passage, car l'attente peut être longue. Il est important de **rester serein et détendu** en vous occupant agréablement l'esprit. De toute façon, ce n'est plus le moment de réviser !

■ Mettez-vous « **dans votre bulle** ». Ne regardez pas les autres candidats. N'écoutez pas ce que peuvent dire ceux qui viennent d'avoir leur entretien sur tel ou tel membre du jury. Ces propos risquent de vous déstabiliser, de vous déconcentrer, en plus d'être totalement infondés. Alors, fermez vos écoutilles !

■ Une fois entré dans la salle, vous pouvez **consulter le numéro de jury** avec lequel vous allez passer l'entretien. Si vous en connaissez l'un des membres, vous devez le signaler aux organisateurs du centre de gestion. Ils vous orienteront alors vers un autre jury, ce qui évitera toute situation perturbante.

■ Quand vous serez **face au jury** (accompagné par un organisateur du centre de gestion), saluez-en les membres par un : « Bonjour Madame/Mesdames, bonjour Monsieur/Messieurs », toujours avec le sourire.

Surtout, prenez soin d'attendre que les membres du jury vous invitent à vous asseoir (vous n'êtes pas en terrain conquis ou familier). Les présentations faites, enlevez votre manteau/veste et posez tranquillement vos affaires, pour être à l'aise. Installez-vous confortablement au fond de la chaise, le dos bien calé afin d'éviter les tensions. Tenez-vous droit pour montrer une certaine assurance, mais pas une attitude arrogante ou hautaine. Posez vos mains sur la table pour prendre confiance et montrer que vous êtes dans une posture de communication avec le jury (pas de mains sur les genoux ou sous la table, pas de bras croisés signes d'une communication fermée).

■ Attendez que le président du jury vous donne le « **top départ** » pour commencer votre éventuelle présentation.

■ Écoutez bien les **questions posées par le jury** et ne l'interrompez pas. Attendez toujours qu'il ait terminé ses phrases ; c'est une marque de respect. Par contre, le jury peut, lui, vous interrompre à tout moment. Généralement, s'il vous interrompt, c'est qu'il est satisfait de la réponse donnée et qu'il veut « passer à autre chose ».

Prenez deux secondes (calculez ce temps dans votre tête) **pour répondre à chacune des questions posées** ; cela vous permet de mobiliser vos connaissances et de structurer votre réponse.

■ Attendez-vous à **en moyenne au moins 15 questions**, posées selon un rythme soutenu ; le jury « balaye » très large, pour apprécier votre curiosité intellectuelle, votre ouverture d'esprit. Dès qu'il juge que vous avez donné quelques informations clés sur une question, il en pose une autre et ainsi de suite.

■ Adoptez un débit de parole calme, mais convaincant. Ne parlez pas trop vite : le jury n'aura pas le temps de prendre des notes et risque de décrocher. Pensez à respirer régulièrement et à poser à côté de vous votre bouteille d'eau, pour vous réhydrater si nécessaire. Variez les intonations de votre voix : elle monte en début de phrase et baisse en fin de phrase. N'hésitez pas à accentuer certains mots-clés, qui vous semblent importants. Rien de pire en effet qu'un candidat au ton monotone, triste, peu enthousiaste.

- Veillez à garder tout au long de l'entretien une posture avenante, ouverte. Souriez régulièrement et communiquez du regard avec le jury, en regardant systématiquement tous ses membres et pas uniquement celui qui vous pose une question.

- Quand le minuteur sonne, signe de la fin de l'entretien, levez-vous tranquillement et saluez les membres du jury par un : « *Au revoir Madame/Mesdames, au revoir Monsieur/Messieurs. Je vous souhaite une bonne journée/fin de journée* » (selon l'heure de votre passage).

À RETENIR

Tout au long de l'entretien, montrez que vous avez vraiment envie d'avoir ce concours/examen professionnel et que vous êtes passionné par le service public.

PARTIE 2

L'environnement territorial

Le service public

Questions corrigées

1. Qu'est-ce que l'intérêt général ?

- C'est la pierre angulaire de l'action publique.
- C'est un des fondements du droit public : l'administration remplit une mission particulière liée à la satisfaction de l'intérêt collectif (somme des intérêts particuliers), dans un but d'utilité générale. Il transcende les intérêts des individus.
- C'est aussi l'ensemble des valeurs ou objectifs partagés par l'ensemble des membres d'une société.

2. Qu'est-ce que le service public ?

■ La notion de **service public** occupe une place fondamentale dans l'administration française. Le terme « **service public** » désigne à la fois une activité d'intérêt général et une structure organisationnelle.

C'est ainsi une activité, une mission remplie par l'administration ou sous sa responsabilité dans le but de satisfaire **l'intérêt général,** c'est-à-dire un besoin collectif (éducation, enseignement, sécurité, santé).

C'est aussi un mode d'organisation consistant, de façon directe ou indirecte, à faire prendre en charge ces activités d'intérêt général par des personnes publiques (État, collectivités territoriales, établissements publics) ou des personnes privées mais sous le contrôle d'une personne publique.

■ Le service public remplit **quatre fonctions principales** : des fonctions d'ordre (défense nationale, justice, protection civile, etc.), des fonctions de protection sanitaire et sociale (Sécurité sociale, service public hospitalier, etc.), des fonctions éducative et culturelle (enseignement, recherche, service public audiovisuel, etc.) des fonctions à caractère économique.

■ Le régime juridique du service public est organisé autour de cinq grands principes (cf. question 3 ci-après).

3. Quels sont les grands principes du service public ?

Le service public obéit juridiquement à **cinq grands principes :**

- Le **principe d'égalité d'accès et de traitement** : les administrés d'une même catégorie doivent être traités de façon identique, à situation égale (pas de discrimination entre les usagers). Mais égalité ne signifie pas uniformité. Pour assurer une égalité d'accès à certains services (piscines, activités périscolaires, etc.), le tarif va varier selon des tranches de revenus. C'est un principe de valeur constitutionnelle.

- Le **principe de continuité** : un fonctionnement régulier et ininterrompu afin de répondre aux besoins d'intérêt général. Ainsi, les services administratifs doivent respecter les horaires d'ouverture affichés. Le principe de continuité est un principe de valeur constitutionnelle.

  Cependant, ce principe est à concilier avec un autre principe, également constitutionnel, le droit de grève. La plupart des agents des services publics disposent de ce droit, à l'exception de certaines catégories pour lesquelles la grève est interdite (policiers, militaires, etc.) ou limitée par un service minimum (service hospitalier, enseignement primaire).

- Le **principe de mutabilité/adaptabilité** : l'activité doit pouvoir évoluer pour s'adapter aux besoins de la population ; c'est un gage d'efficacité. L'activité doit gagner en efficience et modernité : souplesse d'organisation des services, utilisation des nouvelles technologies de l'information et de la communication (NTIC), guichet unique virtuel, e-administration, etc.

- Le **principe d'accessibilité :** cela signifie d'abord l'accessibilité en termes d'implantation **géographique**. Cela signifie ensuite la **simplicité** et donc l'existence de procédures ou de textes clairs et compréhensibles. L'effort de simplification et de clarification administratives est un levier essentiel de l'amélioration de la relation des services publics avec leurs usagers. Cela signifie également le principe de **l'accessibilité de tout citoyen aux ERP** (établissements recevant du public) ainsi qu'aux nouvelles technologies de l'information et de la communication.

- Le **principe de neutralité** : c'est le corollaire du principe d'égalité et de laïcité. Cela signifie le libre accès de tout citoyen-usager aux services publics sans discrimination. Cela implique l'impartialité des agents publics et l'interdiction de toute discrimination fondée sur les convictions politiques, philosophiques, religieuses, syndicales ou tenant à l'origine sociale, au sexe, à l'état de santé, au handicap ou à l'origine ethnique.

Le service public « à la française » doit aussi s'adapter aux évolutions du droit communautaire.

4. Expliquez le principe de laïcité.

- La laïcité est un fondement de la République française (cf. Déclaration des droits de l'homme et du citoyen de 1789) : « **Les hommes naissent et demeurent libres et égaux en droits [...] Nul ne doit être inquiété pour ses opinions, même religieuses, pourvu que leur manifestation ne trouble pas l'ordre public établi par la loi.** »
- En 1905, conformément à la loi de séparation de l'Église et de l'État, « la République ne reconnaît, ne salarie, ni ne subventionne aucun culte ».
- En 1946, le principe de laïcité est inscrit dans le préambule de la Constitution.
- La laïcité, c'est l'obligation de l'État de ne pas intervenir dans les convictions de chacun et l'égalité de tous devant la loi, quelle que soit leur religion. Cela implique la liberté de conscience et de culte, la libre organisation des Églises, leur égalité juridique, le droit à un lieu de culte, la neutralité des institutions envers les religions, ainsi que la liberté d'enseignement.
- **C'est donc un fondement de la République française.**
- **La laïcité, c'est d'abord un impératif de neutralité :**
  - La **neutralité des lieux, des locaux** : interdiction par la **loi de mars 2004** de porter au sein des établissements scolaires des signes par lesquels on reconnaît immédiatement l'appartenance religieuse (voile islamique, kippa, croix de dimension excessive, etc.) ; interdiction, par la **loi du 10 octobre 2010**, de dissimuler son visage dans l'espace public, à savoir sur les voies publiques, dans les lieux ouverts au public ou affectés à un service public ; le non-respect de cette interdiction est puni d'une amende. Il est toutefois à préciser que cette loi du 11 octobre 2010 n'est pas une loi de laïcité mais **une loi d'ordre public**. Charte des services publics **du 13 avril 2007** qui interdit aux usagers de faire du prosélytisme dans les lieux publics.
  - La **neutralité des interventions des collectivités** : les collectivités territoriales ne peuvent pas subventionner, financer sur leurs propres budgets l'exercice d'un culte ; elles peuvent toutefois inscrire des dépenses relatives à des services d'aumônerie et destinées à assurer le libre exercice des cultes dans les établissements publics d'enseignement (écoles, collèges, lycées), les hôpitaux, asiles et prisons ; les collectivités sont toutefois tenues d'entretenir les lieux de culte dont elles sont propriétaires.
  - Le **principe de neutralité des agents publics** : les agents concourent à l'exécution de missions de service public, les agents sont donc tenus au respect du principe de neutralité ; ils ne doivent pas manifester leurs croyances religieuses ni faire de prosélytisme. Le non-respect de la règle de neutralité constitue une faute personnelle, passible d'une sanction disciplinaire. De plus, au nom de la protection du droit des usagers, les agents du service public ont interdiction de privilégier ou de dénigrer tout citoyen en raison de ses opinions philosophiques ou spirituelles.

■ Le principe d'obligation de respecter la laïcité est dorénavant inscrit dans le statut général, suite à la loi du 20 avril 2016 relative à la déontologie et aux droits et obligations des fonctionnaires. Une circulaire du 20 mars 2017 de la ministre de la Fonction publique reprécise la portée du principe de laïcité dans la fonction publique et détermine les moyens et actions pour renforcer la culture de la laïcité dans la fonction publique.

■ La laïcité, c'est aussi le respect de toutes les croyances :

- **Côté usagers** : les usagers sont égaux devant le service public ; ils ont le droit d'exprimer leur conviction religieuse, tout en respectant le bon ordre, la sécurité et la tranquillité publique. Les usagers qui sont accueillis à temps complet dans un service public, tels les établissements médico-sociaux, hospitaliers ou pénitentiaires ont droit au respect de leurs croyances et peuvent participer à l'exercice de leur culte.

- **Côté agents** : les chefs de service peuvent accorder des autorisations d'absence nécessaires aux agents publics désireux de participer aux cérémonies célébrées à l'occasion des principales fêtes propres à leur confession ; ces absences doivent demeurer compatibles avec les nécessités du service.

■ La jurisprudence du Conseil d'État, en 2012, a apporté des assouplissements dans l'application de la loi de 1905, au nom de la notion « d'intérêt public local » :

- possibilité pour les collectivités de participer aux financements de projets en rapport avec des édifices ou des pratiques ;
- possibilité pour les collectivités de conclure avec une association un bail emphytéotique pour la construction d'un édifice religieux ;
- possibilité de carrés confessionnels dans les cimetières.

■ **En avril 2013**, est créé, auprès du Premier ministre, **l'Observatoire de la laïcité**. Il a trois compétences principales : la production d'analyses, d'études et de recherches permettant d'éclairer les pouvoirs publics sur les enjeux liés à la laïcité ; la proposition de mesures pour mieux assurer l'information des agents publics et des usagers des services publics sur la laïcité ; la possibilité d'être consulté par le Premier ministre ou les ministres sur des projets de textes législatifs ou réglementaires.

■ **En septembre 2013** est publiée la Charte de la laïcité à l'école, à l'intention des personnels, des élèves et de l'ensemble des membres de la communauté éducative. L'objectif est de rappeler les règles qui permettent de vivre ensemble dans l'espace scolaire et d'aider chacun à comprendre le sens de ces règles, à se les approprier et à les respecter. Cette charte a été affichée dans tous les écoles, collèges et lycées français.

■ La France se caractérise donc aujourd'hui par une diversité culturelle plus grande que par le passé. La question de la laïcité est donc d'une forte actualité, au titre du bien vivre ensemble et de la fraternité républicaine.

5. Quels sont les différents modes de gestion du service public ?

■ Les collectivités territoriales et leurs groupements sont libres de choisir les modes de gestion pour exploiter leurs services publics. Cette liberté de choix découle du principe constitutionnel de libre administration des collectivités territoriales.

■ Il existe deux grands modes de gestion : la **gestion du service par une personne publique** ou bien la **gestion déléguée**.

■ Toutefois, à titre exceptionnel, la loi peut imposer un mode particulier de gestion (pour les services départementaux d'incendie et de secours). De plus, le Conseil d'État a identifié certaines missions qui ne peuvent pas faire l'objet d'une délégation à une personne privée, à savoir :

- les missions de service public assurées par les collectivités territoriales au nom et pour le compte de l'État comme l'état civil, les élections, les obligations militaires ;
- les missions de service public qui relèvent de l'exécution même du pouvoir régalien des collectivités locales comme les pouvoirs de police, de sécurité et d'hygiène ;
- l'exercice du pouvoir de réglementation ou d'organisation interne des collectivités.

■ **La gestion par une personne publique :** cette gestion s'effectue selon deux formes possibles : la régie directe, le service est directement géré par la collectivité avec ses propres moyens financiers, matériels et ses propres agents. La gestion du service peut aussi se faire par la « **régie indirecte** » : le service est géré par un établissement public administratif – CCAS, caisse des écoles, etc. – ou un établissement public industriel et commercial – eau, transport, assainissement, etc.

■ **La gestion par une personne privée :** on parle alors de **gestion déléguée** ; cette gestion peut s'effectuer selon deux formes possibles. La première consiste à confier de par la loi la gestion d'un service public (fédérations sportives par exemple), c'est la **délégation unilatérale**. La seconde consiste à confier la gestion du service public à une personne privée dans le cadre d'un contrat, c'est la **délégation contractuelle**.

■ La **délégation contractuelle** comporte **deux grandes catégories de contrats** :

- Le **marché public** : c'est un contrat administratif, conclu à titre onéreux, entre le pouvoir adjudicateur (collectivité territoriale ou établissement public local) et un opérateur économique public ou privé, pour répondre aux besoins du premier en matière de travaux, de fournitures ou de services.
  C'est le Code des marchés publics qui s'applique et la collectivité n'a pas le choix, à l'issue de la procédure, de son délégataire ; le CMP imposant de retenir l'offre économiquement la plus avantageuse.
- La **délégation de service public (DSP)** : c'est un contrat administratif par lequel le titulaire a sa rémunération assurée substantiellement par les résultats de l'exploitation. C'est donc le critère de la rémunération qui différencie

marché public et délégation de service public. Le titulaire est une **personne privée**. Il y a principalement **trois formes différentes** :

- La **concession** : c'est la forme la plus utilisée ; la personne publique (le concédant) confie, sous son contrôle, à une personne, en principe privée (le concessionnaire) la gestion d'un service public ; le concessionnaire doit construire l'ouvrage ou les équipements nécessaires, il gère à ses risques et périls, se rémunère sur l'usager, il a droit à l'équilibre financier du contrat. À la fin de la durée du contrat, il remet gratuitement l'ouvrage, l'équipement à la personne publique. Le choix du concédant s'effectue en application de la loi du 29 janvier 1993 (loi Sapin).
- L'**affermage** : la personne publique confie à une personne privée (le fermier) la gestion d'un service public ; la collectivité remet au fermier, qui les exploite à ses risques et périls, les équipements et installations nécessaires au fonctionnement du service ; le fermier ne supporte donc pas les frais de première installation ; il se rémunère directement sur l'usager en contrepartie de la prestation fournie, mais doit verser un « loyer » à la personne publique qui est liée au droit de gérer le service public et à la jouissance des installations.
- La **régie intéressée** : la personne publique confie à une personne privée (le régisseur) la gestion et le fonctionnement d'un service public ; sa rémunération n'est pas liée aux résultats financiers, mais elle est forfaitaire, tout en pouvant varier ; le régisseur assume faiblement le risque lié à l'exploitation du service.

6. Quelles sont les différentes formes de délégation de service public (DSP) ?

De nouvelles formes de délégation se sont développées ces dernières années, notamment au travers de **quatre types de partenariats** : les **groupements d'intérêt public** (GIP), les **contrats de partenariat public-privé**, la SEMOP et l'ordonnance « concessions ».

■ Les **groupements d'intérêt public** (GIP) : c'est le regroupement de plusieurs collectivités partenaires dans la gestion d'une activité partagée, notamment dans les domaines culturel, social, sportif, touristique ; les collectivités peuvent y associer des personnes privées.

■ Les **contrats de partenariat public-privé** : ce type de contrat a été créé par l'ordonnance du 17 juin 2004. Une personne publique confie à un tiers, généralement une personne privée, une mission globale relative au financement d'ouvrages ou d'équipements nécessaires au service public, à leur entretien, à leur exploitation ou leur gestion. Il s'agit de faire financer, par le secteur privé, la réalisation d'équipements publics s'inscrivant dans **un projet complexe**, difficile à maîtriser par la seule collectivité, ou bien s'inscrivant dans **un contexte d'urgence**. Mais la gestion même du service n'est pas confiée à la personne privée.

■ La **SEMOP** (société d'économie mixte à opération unique – loi du 1er juillet 2014) : c'est une nouvelle forme de coopération public-privé institutionnelle locale, composée de deux actionnaires au moins, une seule collectivité ou EPCI (détenant entre 34 % et 85 % du capital) et un ou plusieurs « opérateurs économiques » (détenant entre 15 % et 66 % du capital).

La SEMOP va être chargée soit de la réalisation d'une opération de construction, d'aménagement, soit de la gestion d'un service public, pouvant inclure la construction des ouvrages ou l'acquisition des biens nécessaires au service, soit de toute autre opération d'intérêt général relevant de la compétence de la collectivité territoriale ou de l'EPCI.

La SEMOP est liée à la durée du contrat, elle est donc dissoute à échéance du contrat. L'objectif est d'assurer une bonne implantation au plan local d'un projet d'envergure avec une responsabilité financière et technique partagée.

La loi relative à la transition énergétique pour la croissance verte du 17 août 2015 a même instauré des **SEMOP d'initiative intégralement étatique**, en vue de l'attribution et de l'exécution de concessions hydroélectriques.

■ **Une ordonnance « concessions » est entrée en vigueur au 1er avril 2016**, avec un objectif de simplification et de rationalisation. Elle harmonise les règles applicables aux contrats de concession et met fin aux régimes juridiques relatifs aux concessions de travaux et aux délégations de service public.

Ainsi, les collectivités (EPCI) peuvent imposer, dans les contrats de concession, le recours, pour l'exécution d'une partie des services ou travaux, à des petites et moyennes entreprises (PME), favorisant ainsi leur accès à la commande publique. Elles peuvent également réserver leurs contrats à des travailleurs handicapés ou défavorisés.

7. Quels sont les grands principes de la fonction publique ?

■ La fonction publique française désigne l'ensemble des agents, titulaires et contractuels, occupant un poste au sein de la fonction publique d'État, d'une collectivité territoriale, ou des établissements publics de santé.

■ Les **trois principes fondamentaux** de la fonction publique sont les suivants :

– La **titularisation dans un grade** : le principe général est celui du recrutement par concours, afin de garantir une égalité d'accès et la qualité des recrutements.

Mais, parallèlement aux concours, la fonction publique offre d'autres modes d'accès ouverts sous certaines conditions, comme le PACTE, qui s'adresse aux jeunes de 16 à 25 ans, sortis du système éducatif sans diplôme ou qualification professionnelle, les emplois d'avenir. Un recrutement direct est également parfois proposé pour certains postes de catégorie C.

Le recrutement d'agents reconnus porteurs d'un handicap est également un des chantiers prioritaires de la fonction publique territoriale, qui doit compter au moins 6 % de travailleurs handicapés dans ses effectifs – stagiaires et prestations fournies par les ESAT compris.

Des aménagements particuliers sont apportés lors des concours ainsi que pour le maintien dans l'emploi, afin de valoriser les compétences des agents et favoriser l'accès aux postes correspondant à leurs compétences.

– Le **droit à la carrière** : tout au long de leur carrière, les agents publics disposent de possibilités d'évolution au sein de la fonction publique via l'avancement, mais aussi via les concours et examens professionnels internes qui permettent d'accéder à des catégories supérieures, soit dans la même collectivité, soit dans une autre collectivité, ou en changeant de fonction publique. Au titre de leur carrière, les agents publics ont des droits mais aussi des obligations.

– Le **droit à la mobilité** : depuis la loi du 3 août 2009, les fonctionnaires bénéficient d'un droit au départ en mobilité et d'outils rénovés pour accéder plus facilement à un emploi de même niveau, mais relevant d'une autre administration, d'une autre fonction publique ou du secteur privé (mise à disposition, détachement, intégration directe, etc.).

8. Quelles sont les différentes catégories de services publics ?

■ Nécessité de faire la distinction entre **service public administratif (SPA) et service public industriel et commercial (SPIC)**.
Cette distinction est issue de la jurisprudence : arrêt du Tribunal des conflits de 1921 (Société commerciale de l'Ouest africain/« Bac d'Eloka »). Le Tribunal des conflits a considéré que l'administration exploitait le service « dans les mêmes conditions qu'un industriel ordinaire ».

■ Les services publics relèvent soit de la catégorie des **SPA**, soit de celle des **SPIC**. C'est la loi qui donne la qualification de SPA ou de SPIC. Dans le silence de la loi, c'est au juge de déterminer la nature du service public.

■ Les **SPA** sont les services qui n'ont aucun but industriel ou commercial, tels l'éducation, la défense, l'état civil. Ils relèvent du droit public et des juridictions administratives. Les ressources proviennent des subventions ou des recettes fiscales. Tout bénéfice est exclu.

■ Les **SPIC** sont des activités similaires à celles des entreprises privées, tournées vers l'achat, la vente, la production de biens ou de services, avec la notion de bénéfice. Les ressources proviennent des redevances versées par les usagers en contrepartie du service rendu et sur les résultats de l'exploitation. Les SPIC relèvent du droit privé et de la compétence des juridictions judiciaires.

Le fonctionnement et l'organisation des collectivités territoriales et des EPCI

Questions corrigées

1. Quelles sont les principales étapes de la décentralisation ?

Voici les principales étapes clés de la décentralisation :

Mars 1982	**Les lois Defferre** lancent la décentralisation ; transfert de nombreuses compétences de l'État aux collectivités.
Août 2004	**Acte II de la décentralisation** : principe constitutionnel de l'autonomie des collectivités territoriales.
Décembre 2010	**Loi de réforme des collectivités territoriales** – démarrage de l'**Acte III de la décentralisation** : création du statut de la métropole ; création de la commune nouvelle.
Janvier 2014	**Loi Maptam** : création de **neuf métropoles** ; rétablissement clause de compétence générale pour le département et la région (supprimée en 2010) ; annonce du Premier ministre du passage de **22 à 13 régions.**
Janvier 2015	**Loi sur la nouvelle délimitation des régions** : passage de 22 à 13 régions en France métropolitaine.
Août 2015	**Loi NOTRe : suppression de la clause de compétence générale ; renforcement du rôle de la région** dans le domaine économique ; **département** confirmé comme **chef de file de l'action sociale ; renforcement de l'intercommunalité** (seuil minimal de 15 000 habitants pour la création de tout EPCI).

2. Quelles sont les principales compétences de la commune ?

■ La commune est la collectivité administrative de premier « niveau » de proximité.

■ Au 1er janvier 2019 (bilan statistique de la Direction générale des collectivités locales), le nombre de communes s'élevait à 34 970.

■ Les **principales compétences de la commune** peuvent être classées en deux grandes catégories, celles dites traditionnelles et celles résultant de la décentralisation.

■ Les **compétences traditionnelles** des communes :
- l'état civil, à savoir l'enregistrement des actes qui concernent les naissances, les mariages et les décès ;
- l'organisation des élections par le maire, au nom de l'État ;
- la protection de l'ordre public local (police municipale, circulation et stationnement, prévention de la délinquance) ;
- l'entretien des voies communales.

■ Les **compétences issues de la décentralisation** :
- en matière d'éducation, construction et entretien des écoles maternelles et élémentaires (compétence obligatoire) ; elle peut proposer un service public de restauration (compétence non obligatoire) ;
- en matière d'urbanisme et d'aménagement du territoire, le maire instruit et délivre les permis de construire ; il est en charge de l'élaboration des documents d'urbanisme qui portent les projets d'aménagement du territoire (PLU, ZAC) ;
- en matière environnementale, la commune entretient les espaces verts, assure la distribution de l'eau et l'assainissement ainsi que la collecte et le traitement des déchets ;
- dans le domaine culturel, la commune a la charge des musées et des bibliothèques municipales (compétence non obligatoire) et peut favoriser l'éducation et la création artistique ;
- dans le domaine sanitaire et social, la commune dispose de prérogatives importantes : gestion du CCAS (compétence obligatoire uniquement à partir de 1 500 habitants depuis la loi NOTRe du 7 août 2015), gestion des structures d'accueil de la petite enfance, des accueils de loisirs (compétence non obligatoire) ;
- en matière de sports et de loisirs, la commune finance et gère les équipements sportifs et peut verser des subventions à des clubs sportifs (compétence non obligatoire), elle assure la promotion touristique et finance les équipements qui y sont destinés (offices de tourisme).

■ Avec la loi NOTRe, **le bloc communal conserve la clause de compétence générale** : il peut intervenir sur tous les sujets d'intérêt local dès lors qu'il ne s'agit pas d'une compétence relevant exclusivement d'une autre collectivité.

3. Quelles sont les principales compétences du département ?

■ La France compte **96 départements** en métropole et **5 outre-mer** (Guadeloupe, Guyane, Martinique, La Réunion et Mayotte). Par la **loi du 27 juillet 2011**, la Guyane et la Martinique ont été érigées en **deux collectivités territoriales uniques**, ayant à la fois des compétences départementales et des compétences régionales, avec une effectivité depuis le 1er janvier 2016.

■ La **loi du 2 mars 1982** fait du département une collectivité avec un exécutif propre, le président du conseil général (désormais appelé conseil départemental).

■ Le département est divisé en cantons qui servent chacun à l'élection d'un conseiller départemental, afin d'assurer la représentation de la diversité des territoires du département.

■ La **loi du 17 mai 2013** a supprimé le conseiller territorial et l'a remplacé par un **binôme paritaire élu dans un canton élargi**. Cette même loi a désigné l'assemblée délibérante (jusqu'alors « conseil général ») sous le nom de « **conseil départemental** ».

■ La réforme territoriale issue de la **loi NOTRe** (Nouvelle Organisation territoriale de la République) du **7 août 2015**, avec la suppression de la clause de compétence générale.

Les principales compétences du département sont dorénavant les suivantes :

- la loi NOTRe réaffirme le rôle de chef de file de l'**action sociale et des solidarités** : PMI, protection des mineurs, agrément des crèches ; RSA, aides aux handicapés, allocation personnalisée à l'autonomie (APA), MDPH, contribution à la résorption de la précarité énergétique ; élaboration d'un **schéma départemental d'amélioration de l'accessibilité des services**, pour renforcer l'offre de services dans les zones présentant un déficit d'accessibilité (art. 98 loi NOTRe). Ainsi, des **maisons de services au public** peuvent être créées, en remplacement des maisons de service public ;
- construction, équipement, entretien des collèges, équipement sportif des collèges ; gestion des personnels techniques ouvriers de services des collèges (environ 100 000 agents) ;
- seuls les **services de transport spécial des élèves handicapés** vers les établissements scolaires sont dorénavant à la charge du département ;
- construction, entretien de la voirie départementale ;
- SDIS, police de la circulation sur voirie départementale ;
- compétence culturelle : bibliothèques départementales de prêt, services d'archives départementales, musées, protection du patrimoine, etc.

Avec la loi NOTRe, le département détient, dans les domaines de la culture, du sport, du tourisme, de la promotion des langues régionales et de l'éducation populaire, une **compétence partagée** avec les communes, les régions et les collectivités à statut particulier (art. 103).

■ Durant la campagne présidentielle, une des mesures souvent évoquées par l'actuel président de la République est la fusion de certains départements au sein desquels se trouvent certaines métropoles. Le président de la République souhaite inciter à la mise en place d'un « pacte girondin » de décentralisation ; l'objectif étant de réduire les échelons administratifs via la baisse du nombre de départements et le renforcement des métropoles. Au sein de chaque région, l'objectif est de n'avoir que 2 échelons.

4. Quelles sont les principales compétences de la région ?

■ La région est la plus jeune des collectivités territoriales. Ses compétences ont été grandement augmentées, notamment avec la réforme du 13 août 2004.

■ Une nouvelle réforme d'importance, liée à la modernisation et rationalisation de l'action publique, modifie le nombre des régions. Ainsi, une carte à **13 régions** a été adoptée le **25 novembre 2014** : 6 régions demeurent toutefois inchangées, à savoir Bretagne, Pays de la Loire, Centre-Val de Loire, Île-de-France, Provence-Alpes-Côte d'Azur, Corse. Cette nouvelle carte est effective au 1er janvier 2016.

■ Avec la loi NOTRe, la région possède dorénavant des compétences exclusives et des compétences partagées avec les départements.

■ **Les compétences exclusives :**

- **Chef de file de l'action économique :**
  - planification, programmation des équipements et aménagement du territoire ;
  - attribution d'aides directes ou indirectes aux entreprises (politique d'incitation à l'implantation, à la création sous forme de prêts, avances ou primes) ; animation des pôles de compétitivité ;
  - élaboration et exécution de la partie régionale du contrat de plan : objectifs à moyen terme du développement économique, social, et culturel de la région.
- **L'éducation et la formation professionnelle :**
  - construction, équipement, entretien des lycées, équipement sportif des lycées ;
  - formation professionnelle continue et apprentissages pour les jeunes et les adultes.
- **L'aménagement du territoire et des transports :**
  - **depuis le 1er janvier 2017** : la construction, l'aménagement et l'exploitation des gares publiques routières de voyageurs relevant du département (exception faite pour les régions Île-de-France et Auvergne-Rhône-Alpes sur le territoire de la métropole de Lyon) ; gestion des lignes ferroviaires d'intérêt local à des fins de transport de personnes ou de marchandises ;
  - gestion des transports ferrés régionaux de voyageurs, schéma régional des transports, gestion (depuis le 1er janvier 2017) des 272 ports préalablement de la compétence des départements, entretien et gestion des aérodromes civils ;
  - **depuis le 1er septembre 2017** : les transports routiers non urbains des personnes, réguliers ou à la demande ; les transports scolaires ; la desserte des îles ;
  - plan régional d'élimination des déchets, réserves et parcs régionaux naturels ;
  - schéma régional d'aménagement du territoire.

– **La gestion des programmes européens** (FEDER, FEADER et une partie du FSE) : les régions sont compétentes pour la gestion des fonds européens, depuis la loi « Maptam » de janvier 2014. Elles sélectionnent et coproduisent avec les autres collectivités les projets territoriaux.

- **Les compétences partagées avec les départements :**
  – tourisme (la région est désignée chef de file pour le tourisme) ;
  – culture, sport ;
  – promotion des langues régionales ;
  – éducation populaire ;
  – lutte contre la fracture numérique et aménagement numérique.

5. Que savez-vous d'une communauté de communes ?

■ Une communauté de communes est un établissement public de coopération intercommunale (**EPCI**) à fiscalité propre, regroupant plusieurs communes d'un seul tenant et sans enclave. Elle a été créée par la loi du 6 février 1992 relative à l'administration territoriale de la République, dite **loi ATR**. Elle correspond à la notion « **d'intercommunalité fédérative** ».

■ Elle a pour objet d'associer des communes au sein d'un espace de solidarité, en vue de l'élaboration d'un projet commun de développement et d'aménagement de l'espace.

■ Au **1er janvier 2018**, on recensait **1 009 communautés de communes**.

■ En vue de renforcer les intercommunalités, la loi NOTRe du 7 août 2015 fixe le seuil pour constituer une intercommunalité, celui de **15 000 habitants** (au lieu de 5 000) et prévoit qu'elles seront organisées autour de bassins de vie. Des dérogations sont toutefois prévues pour les zones de montagne et les territoires peu denses, pour lesquels un seuil minimal de 5 000 habitants demeure possible. De même, les intercommunalités de 12 000 habitants au moins et récemment constituées peuvent être maintenues.

■ **Fonctionnement**

La communauté est administrée par un organe délibérant, le **conseil communautaire**, composé de conseillers communautaires ; le conseil est dorénavant **élu au suffrage universel direct, dans le cadre des élections municipales (élections municipales de 2014)**, pour les communes de plus de 1 000 habitants.

Les bulletins de vote de ces communes comprennent, dans leur partie gauche, la liste des candidats au conseil municipal, et, dans la partie droite, la liste des candidats au conseil communautaire.

Les représentants des communes de plus petite taille restent élus en leur sein par les conseils municipaux, dans l'ordre du tableau – le maire puis les adjoints. Ces nouvelles dispositions résultent de la loi du 17 mai 2013.

Chaque commune dispose, en fonction de son nombre d'habitants, d'au moins un siège et aucune commune ne peut avoir plus de la moitié des sièges.

■ **Compétences**

La communauté de communes exerce obligatoirement les compétences suivantes :

- l'aménagement de l'espace, dont le **plan local d'urbanisme intercommunal** (PLUI) sauf opposition des communes ;
- le développement économique : création, aménagement, entretien et gestion de zones d'activité économique (ZAE) industrielle, commerciale, tertiaire, artisanale, touristique, portuaire ou aéroportuaire ; politique locale du commerce et soutien aux activités commerciales d'intérêt communautaire ; promotion du tourisme, dont la création d'offices de tourisme ;
- la collecte et le traitement des déchets ménagers ;

– la gestion des aires d'accueil des gens du voyage ;
– la GEMAPI, gestion des milieux aquatiques et prévention des inondations ;
– la gestion de l'eau potable et l'assainissement, depuis le 1er janvier 2020.

La communauté de communes doit par ailleurs exercer des compétences relevant d'**au moins trois des groupes suivants** :

– **protection et mise en valeur de l'environnement**, le cas échéant dans le cadre de schémas départementaux et soutien aux actions de maîtrise de la demande d'énergie ;

– **politique du logement et du cadre de vie** : élaboration du diagnostic du territoire et définition des orientations du contrat de ville ; animation et coordination des dispositifs contractuels de développement urbain, de développement local et d'insertion économique et sociale ainsi que des dispositifs locaux de prévention de la délinquance ; programmes d'actions définis dans le contrat de ville ;

– **création, aménagement et entretien de la voirie ;**

– **construction, entretien et fonctionnement d'équipements culturels et sportifs** et d'équipements de l'enseignement préélémentaire et élémentaire ;

– **action sociale d'intérêt communautaire ;**

– **création et gestion des maisons de services au public.**

Le conseil communautaire peut également choisir des compétences facultatives qu'il définit lui-même. La détermination de l'intérêt communautaire résulte du vote d'une **majorité qualifiée** des conseils municipaux, ce qui est une **différence fondamentale** par rapport au régime des communautés d'agglomération, où cette déclaration d'intérêt communautaire est faite par une délibération du conseil communautaire prise à la majorité des 2/3 du conseil de la communauté d'agglomération, donnant ainsi un pouvoir important aux instances communautaires.

Ressources

Les principales ressources proviennent des dotations de l'État (dotation d'intercommunalité, DGF, DGE, FCTVA), la fiscalité locale additionnelle : l'EPCI prélève, en plus des communes, une partie des impôts ménages : taxe d'habitation, taxe foncière sur le bâti, taxe foncière sur le non bâti ; l'EPCI prélève également la fiscalité professionnelle, la CET. Il y a aussi le produit des taxes, redevances et contributions instaurées en échange de services rendus.

6. Quelles sont les compétences obligatoires d'une communauté d'agglomération ?

■ La finalité d'une communauté d'agglomération (CA) est d'associer des communes « au sein d'un espace de solidarité, en vue d'élaborer et conduire ensemble un projet commun de développement urbain et d'aménagement de leur territoire ».

■ La communauté d'agglomération est un EPCI à fiscalité propre de plus de 50 000 habitants, qui regroupe plusieurs communes, d'un seul tenant et sans enclave, avec au moins une commune-centre de plus de 15 000 habitants.

■ Il y a eu un assouplissement des conditions démographiques de création d'une CA, avec la **loi du 16 décembre 2010** de réforme des collectivités territoriales : **30 000 habitants** quand la CA comprend le chef-lieu de département.

■ Depuis les élections municipales de mars 2014, avec la loi du 16 décembre 2010, on note une élection directe des conseillers communautaires des communes de 1 000 habitants et plus.

■ On compte **huit compétences obligatoires** : le **développement économique** (création, aménagement et entretien des ZAC), l'**aménagement de l'espace communautaire** par l'élaboration d'un schéma directeur – ceci inclut le transport urbain –, la GEMAPI (gestion des milieux aquatiques et prévention des inondations) et, depuis le 1er janvier 2020, la gestion de l'eau potable et l'assainissement.

■ Parmi les **six compétences optionnelles, au moins trois doivent être exercées** : création ou aménagement et entretien de la voirie et de parcs de stationnement d'intérêt communautaire ; la distribution de l'eau potable ; l'assainissement ; la protection et la mise en valeur de l'environnement et du cadre de vie ; la construction, l'aménagement, l'entretien et la gestion d'équipements culturels et sportifs d'intérêt communautaire ; l'action sociale d'intérêt communautaire.

7. Qu'est-ce que la clause de compétence générale ?

■ La clause de compétence générale est issue de la loi municipale de 1884 puis étendue par les lois de décentralisation de 1982 aux autres collectivités territoriales.

■ Ainsi, le conseil municipal, le conseil départemental et le conseil régional règlent par leurs délibérations, respectivement les affaires de la commune, du département et de la région. La clause générale de compétence est un élément de la libre administration des collectivités territoriales ; mais elle peut constituer un obstacle à la rationalisation de l'intervention publique locale.

■ La clause de compétence générale permet d'agir dans un domaine donné, au nom d'un intérêt local, alors que la loi n'a pas expressément reconnu une compétence spéciale. Elle correspond **aux compétences dites « facultatives »** des collectivités territoriales, par opposition aux compétences « obligatoires » transférées.

■ La clause de compétence générale concerne uniquement les collectivités territoriales ; elle ne vaut pas pour les EPCI, régis par le principe de spécialité, qui ne peuvent agir que dans le cadre des compétences qui leur sont attribuées.

■ La clause de compétence générale peut toutefois être source de dilution des responsabilités, de doublons, de manque de transparence et d'enchevêtrement des compétences entre les différents échelons territoriaux (le mille-feuille territorial).

■ Aussi, la clause de compétence générale, supprimée pour les régions et départements par la loi du 16 décembre 2010, a été rétablie par la loi du 27 janvier 2014. Mais la loi NOTRe du 7 août 2015 supprime de nouveau pour la région et le département la clause de compétence générale ; seules les communes la conservent, en tant que collectivités de proximité.

8. Qu'entend-on par collectivité territoriale ?

- Les collectivités territoriales sont des **personnes morales de droit public** distinctes de l'État et bénéficient à ce titre d'une **autonomie juridique et financière**.

- Les collectivités territoriales apparaissent dans la Constitution de 1946 et l'expression sera reprise dans le texte de 1958. Elles sont, au départ, désignées sous le nom de « collectivités locales ». C'est plus tard, avec le Code général des collectivités territoriales, créé en 1996, que l'expression « collectivité territoriale » va dorénavant être plus couramment employée.

- Selon l'alinéa 3 de l'article 72 de la Constitution, les collectivités territoriales s'administrent librement dans les conditions prévues par la loi. Elles ne possèdent que des **compétences administratives** ; elles ne peuvent donc pas édicter des lois ou des règlements.

- Elles sont administrées par des conseils ou assemblées délibérants élus au suffrage universel direct.

- Leurs compétences obligatoires sont déterminées par la loi, dans le respect du principe de libre administration. La commune est, depuis la promulgation de la loi NOTRe (7 août 2015), la seule collectivité ayant conservé la clause de compétence générale.

9. Qu'est-ce qu'une collectivité « chef de file » ?

■ Selon l'article 72 de la Constitution, « **aucune** collectivité territoriale **ne peut exercer une tutelle sur une autre** ».

■ Mais une collectivité peut être désignée « chef de file » pour gérer de manière commune une compétence nécessitant le concours de plusieurs collectivités territoriales ou groupements de celles-ci.

Le chef de file n'a qu'un rôle de coordination : région, chef de file dans le domaine économique ; département, chef de file de l'action sociale.

10. Expliquez le principe de libre administration des collectivités territoriales.

■ La **révision constitutionnelle du 28 mars 2003** a confirmé le principe de libre administration des collectivités territoriales, déjà présent dans la Constitution de 1958.
Ce principe de valeur constitutionnelle, repris dans le CGCT, est ainsi défini : « Les collectivités territoriales de la République sont les communes, les départements, les régions, les collectivités à statut particulier et les collectivités d'outre-mer [...]. Toute autre collectivité territoriale est créée par la loi [...]. Dans les conditions prévues par la loi, ces collectivités s'administrent librement par des conseils élus et disposent d'un pouvoir réglementaire pour l'exercice de leurs compétences. »

■ Les collectivités territoriales sont donc dotées de la personnalité juridique et disposent d'une autonomie administrative. Les organes délibérants disposent de **pouvoirs de décisions propres**. Les organes exécutifs disposent d'un pouvoir réglementaire (pouvoir de police du maire).

■ Les collectivités territoriales disposent d'une liberté de décision pour le recrutement et la gestion de leurs agents.

■ Les collectivités territoriales disposent de **prérogatives de puissance publique**, notamment la possibilité d'imposer de manière unilatérale des obligations aux administrés.

■ De même, elles bénéficient d'une **autonomie en matière fiscale**, autonomie prévue par l'article 72 de la Constitution.

11. Quelles sont les principales compétences du maire ?

■ Le maire, organe exécutif, est élu pour un mandat de **six ans**, au **suffrage universel indirect** : élection par les membres du conseil municipal, **au scrutin secret, majoritaire à deux tours**, lors de la première réunion du conseil municipal (dans les cinq jours qui suivent les élections municipales).

■ Le maire a une « **double casquette** » : il est à la fois agent de l'État et organe exécutif de la commune, collectivité territoriale.

■ En **tant qu'agent de l'État**, le maire a une **double fonction**.

Sous l'**autorité du préfet**, le maire remplit des fonctions administratives, notamment :

- respect des lois et règlements ;
- organisation des élections ;
- organisation du recensement ;
- légalisation des signatures ;
- exécution des mesures de sûreté générale.

Sous l'autorité du **procureur de la République**, il exerce une double fonction :

- en tant qu'officier d'état civil : célébration des mariages ; déclarations de naissances et de décès ; tenue des registres d'état civil ;
- en tant qu'officier de police judiciaire : constat des infractions, réception des plaintes, établissement des contraventions.

■ **En tant qu'organe exécutif** de la commune, le maire dispose de compétences **partagées** et de compétences **propres**.

Compétences partagées avec le conseil municipal :

- il prépare et préside les réunions du conseil municipal ;
- il exécute les délibérations ;
- il prépare le budget et l'exécute ;
- il signe des contrats d'achats, de ventes, de travaux et de marchés ;
- il prend des décisions (actes pris par délégation du conseil municipal).

Compétences propres :

- chef du personnel (nominations, fins de contrat, etc.) ;
- il assure l'ordre, la tranquillité, la sécurité et la salubrité publique (arrêtés de stationnement, circulation, police des marchés, des fêtes, arrêtés d'utilisation du domaine public) ;
- délivrance d'autorisations d'urbanisme.

12. Comment sont désignés les conseillers communautaires ?

■ **La loi n° 2013-403 du 17 mai 2013** relative à l'élection des conseillers départementaux, des conseillers municipaux et des conseillers communautaires, et modifiant le calendrier électoral, marque **une nouvelle étape** en prévoyant l'élection plus directe des conseillers communautaires **au-dessus de 1 000 habitants** et des modes de désignation plus stricts **en dessous de 1 000 habitants**. Dorénavant, les conseillers communautaires sont élus **en même temps** que les conseillers municipaux.

■ Dans les communes de moins de 1 000 habitants, les conseillers communautaires sont désignés dans l'ordre du tableau.

■ Dans les communes de 1 000 habitants et plus, les conseillers communautaires ont été élus dans le cadre de l'élection municipale. L'électeur choisit donc le même jour une liste de candidats au siège de conseiller municipal et une liste de candidats au siège de conseiller communautaire. Il y a donc **un bulletin, deux listes distinctes**. C'est le **système de fléchage**.

■ La parité homme/femme doit être respectée.

■ Sur la liste communautaire, doit apparaître le pays européen d'origine des candidats.

■ Application de la **règle du premier quart** : tous les candidats présentés dans le premier quart de la liste intercommunale doivent figurer, de la même manière et dans le même ordre, en tête de la liste municipale.

■ Application de la **règle des trois premiers cinquièmes** : pour le reste de la liste intercommunale, la désignation des candidats n'est pas libre car « tous les candidats aux sièges de conseiller communautaire doivent figurer au sein des trois premiers cinquièmes de la liste des candidats au conseil municipal.

■ Les conseillers communautaires sont élus pour la même durée que les conseillers municipaux de la commune qu'ils représentent, **à savoir six ans**.

13. Quel est le rôle du préfet ?

■ Le préfet est le représentant de l'État dans le département ; il est nommé par décret du président de la République, en Conseil des ministres, sur proposition du Premier ministre et du ministre de l'Intérieur. Il est assisté par les sous-préfets.

■ Délégué du gouvernement, il représente directement le Premier ministre et chacun des ministres. Il a la charge des intérêts nationaux, et assure la direction des services de l'État dans le département ou la région.

■ Il exerce principalement **quatre grandes missions** :

– **Le maintien de l'ordre public et la sécurité des biens et des personnes :** il organise, au niveau du département, la politique de sécurité ; il détient des pouvoirs de police administrative, à savoir des moyens juridiques, humains, matériels pour assurer le maintien de la tranquillité, de la sécurité et de la salubrité publique ; ainsi, il est en charge de la police des étrangers ; il dirige et coordonne l'action des forces de la police nationale et de la gendarmerie ; il veille aussi au bon déroulement des élections.

– **La mise en œuvre et la coordination à l'échelon local des politiques du gouvernement :** le préfet applique, au niveau départemental ou régional, les politiques de l'emploi, de la cohésion sociale, de l'aménagement du territoire, du développement économique, de l'environnement, etc., décidées par le gouvernement. Il dirige ainsi les directions départementales des services déconcentrés de l'État, telles les directions départementales des territoires, les directions départementales de la cohésion sociale et de la protection des populations. Il dirige aussi l'administration préfectorale.

– **L'assistance aux collectivités locales :** le préfet est un interlocuteur privilégié des élus locaux. Il apporte des conseils aux services et élus sur l'application des textes, sur la préparation de certains dossiers.

– **Le contrôle de la légalité des actes des collectivités locales :** le préfet exerce un contrôle *a posteriori* (après la publication ou la notification de l'acte), sur les actes des collectivités territoriales et leurs établissements publics. Le préfet ne peut toutefois pas annuler un acte qu'il juge illégal ; s'il estime qu'un acte est illégal, il saisit le juge administratif pour demander l'annulation ou le retrait de l'acte.

14. Quelle est la différence entre la déconcentration et la décentralisation ?

- Pour rappel, les principales grandes lois de décentralisation sont les suivantes :
  - loi du **2 mars 1982**, acte I de la décentralisation ;
  - loi du **13 août 2004**, acte II de la décentralisation ;
  - loi du **16 décembre 2010** ;
  - loi du **17 mai 2013** (calendrier électoral) ;
  - loi du **27 janvier 2014** (dite Maptam) ;
  - loi du **16 janvier 2015** relative à la délimitation des régions ;
  - loi NOTRe du **7 août 2015**.

  Les quatre dernières lois font partie de l'acte III de la décentralisation.

- **La décentralisation :**

  – C'est le transfert de compétences de l'État vers une collectivité territoriale, personne morale de droit public : la région, le département et la commune ; la collectivité territoriale dispose de l'autonomie juridique et financière ; les organes délibérants ont un pouvoir de décision et l'organe exécutif un pouvoir réglementaire.

  – Les collectivités territoriales assurent la gestion de la vie courante sur leur territoire, dont les spécificités sont :

  • une **organisation politique** avec des autorités élues : un organe délibérant, un organe exécutif ;

  • des **compétences** avec la possibilité de prendre des délibérations et des arrêtés dans différents domaines, avec le contrôle *a posteriori* exercé par l'État (contrôle de légalité) ;

  • des **moyens propres** garantissant l'autonomie : humains (le personnel titulaire et non titulaire), budgétaires (des ressources propres), en matériel.

  – Entre les collectivités, il n'y a pas de hiérarchie mais uniquement des modes de collaboration par voie contractuelle.

- **La déconcentration :**

  – C'est un modèle d'organisation administrative qui accorde à des organes locaux de l'administration de l'État un pouvoir de décision limité, par délégation.

  – Chaque ministère est composé d'une administration centrale et d'administrations locales, réparties sur tout le territoire : les **services déconcentrés**. Ces services sont placés sous l'autorité des ministres concernés, ils sont chargés de la mise en application des lois et règlements de chaque ministère, sur l'ensemble du territoire national, au plus près des collectivités locales et des citoyens/usagers.

  – Quelques exemples de services déconcentrés : préfecture, DRJSCS (direction régionale de la jeunesse, des sports et de la cohésion sociale), direction académique des services départementaux de l'Éducation nationale.

  – L'administration déconcentrée représente les intérêts de l'État localement. Elle est dirigée par le préfet, placé sous l'autorité des ministres concernés.

15. Qu'est-ce que le contrôle de légalité des actes des collectivités ?

■ Le contrôle de légalité a un fondement constitutionnel. En effet, l'**article 72 de la Constitution** édicte que « dans les collectivités territoriales de la République, le représentant de l'État a la charge des intérêts nationaux, du contrôle administratif et du respect des lois ».

■ Le contrôle de légalité se fonde sur **trois grands principes** :
- il s'agit d'un contrôle s'exerçant sur des **actes ayant déjà force exécutoire** ;
- il s'agit d'un contrôle de légalité, **exclusif de toute considération d'opportunité**, le préfet vérifie la conformité des actes pris par les collectivités territoriales et leurs établissements publics avec les dispositions législatives et réglementaires en vigueur ;
- **si le préfet invoque l'illégalité d'un acte, seul le juge administratif peut l'annuler.** Ainsi, si l'examen sur le fond et la forme conduit à relever des irrégularités, le préfet peut adresser à la collectivité ou l'établissement public, un recours gracieux dans un délai de deux mois, à compter de la réception de l'acte, en précisant la ou les illégalités dont l'acte est entaché et en demandant sa modification ou son retrait. Si la collectivité refuse ou rejette implicitement ce recours gracieux, le préfet peut déférer au tribunal administratif l'acte qu'il estime illégal, il dispose d'un pouvoir d'appréciation.

■ Les **actes soumis obligatoirement au contrôle de légalité sont les suivants :**
- les délibérations de l'assemblée délibérante ou les décisions prises par délégation de l'assemblée délibérante (sauf les délibérations relatives aux tarifs des droits de voirie et de stationnement, au classement, au déclassement des voies) ;
- les décisions réglementaires et individuelles prises par l'organe exécutif (maire, président du conseil départemental) dans l'exercice de son pouvoir de police (sauf celles relatives à la circulation et au stationnement) ;
- les conventions relatives aux emprunts, aux marchés et aux accords-cadres, les conventions de concession ou d'affermage de services publics locaux et les contrats de partenariat ;
- les décisions individuelles relatives à la nomination, au recrutement, y compris le contrat d'engagement, et au licenciement des agents non titulaires (sauf celles prises pour faire face à un besoin lié à un accroissement temporaire ou saisonnier d'activité) ;
- le permis de construire et les autres autorisations d'utilisation du sol et le certificat d'urbanisme délivrés par le maire ou le président de l'EPCI ;
- les ordres de réquisition du comptable pris par le maire ;
- les décisions relevant de l'exercice de prérogatives de puissance publique, prises par les sociétés d'économie mixte locales pour le compte d'une commune ou d'un établissement public de coopération intercommunale.

■ En dehors de la liste des actes soumis à l'obligation de transmission, le préfet peut demander communication des autres actes pris par les autorités territoriales à tout moment.

16. Qu'est-ce qu'un EPCI ?

■ Un EPCI est une **structure administrative de coopération entre communes** : établissement public de coopération intercommunale. Les communes souhaitent développer plusieurs compétences en commun, tels les transports publics, l'aménagement du territoire, la gestion de l'environnement.

■ Depuis l'adoption de la **réforme territoriale de 2010**, sont des EPCI (Code général des collectivités territoriales, CGCT) :

- les syndicats de communes, SIVU/SIVOM (créés par la loi du 22 mars 1890) ;
- les communautés de communes (créées par la loi du 6 février 1992) ;
- les communautés urbaines (créées par la loi du 31 décembre 1966) ;
- les communautés d'agglomération (créées par la loi du 12 juillet 1999) ;
- les syndicats d'agglomération nouvelle (créés par la loi du 13 juillet 1983) ;
- les métropoles (créées par la loi du 16 décembre 2010).

■ La majorité des EPCI **sont à fiscalité propre** ; mais certains d'entre eux sont **sans fiscalité propre** (syndicats de communes SIVU/SIVOM).

■ Un EPCI est administré par un conseil délibérant.

■ La réforme territoriale du **16 décembre 2010** constitue une première étape dans la simplification et l'achèvement de la carte de l'intercommunalité, en vue de remédier à l'émiettement communal. Elle rend obligatoire l'appartenance à un EPCI, depuis le 1er juillet 2013.

■ Les **lois du 27 janvier 2014 (loi « Maptam ») et du 7 août 2015 (loi NOTRe)** constituent de nouvelles étapes dans l'acte III de la décentralisation, modifiant le paysage de l'intercommunalité, notamment par le renforcement du statut des métropoles.
Le processus d'intégration des communes pour faire changer les intercommunalités d'échelle s'amplifie. Le relèvement du seuil d'intercommunalité de 5 000 à 15 000 habitants doit permettre d'avoir davantage de capacités à agir au niveau des bassins de vie, dorénavant plus étendus. Les intercommunalités voient également leurs compétences augmenter (tourisme, aires d'accueil des gens du voyage, maisons de services au public), l'objectif étant de diminuer le nombre de syndicats intercommunaux, de générer des économies de gestion dans des services utilisés au quotidien.

■ Au 1er janvier 2019, on recensait 1 258 EPCI à fiscalité propre en France. C'est cinq de moins que l'année précédente à la même date.

17. Qu'est-ce que le Code général des collectivités territoriales (CGCT) ?

■ Le CGCT regroupe les **lois relatives au droit général des collectivités territoriales** français.

■ Le CGCT organise la répartition des compétences sur le principe de la décentralisation et de la libre administration. Il traite des biens des collectivités territoriales, des relations avec l'État, des services publics locaux et de l'organisation de chaque collectivité, avec parfois des dispositions spécifiques à une région (ex. : l'Île-de-France) ou un territoire (ex. : la Polynésie française).

■ C'est donc un ouvrage de codification, structuré en **six grandes parties** :
- première partie : dispositions générales (6 livres) ;
- deuxième partie : la commune (5 livres) ;
- troisième partie : le département (4 livres) ;
- quatrième partie : la région (4 livres) ;
- cinquième partie : la coopération locale (9 livres : syndicats de communes, districts, communautés de communes, communautés urbaines, communautés d'agglomération, communautés de ville, etc.) ;
- sixième partie : collectivités d'outre-mer régies par l'article 74 de la Constitution (4 livres).

■ Chaque livre est composé de titres et de chapitres.

18. Quels sont les modes de scrutin aux élections municipales ?

■ La **loi du 17 mai 2013** relative à l'élection des conseillers départementaux, des conseillers municipaux et des conseillers communautaires, et modifiant le calendrier électoral, a changé le mode de scrutin qui a été mis en application lors des élections municipales de mars 2014.

■ La loi a abaissé à **1 000 habitants**, au lieu de 3 500 habitants, le seuil à partir duquel s'applique un **mode de scrutin proportionnel**.

■ Autre mesure phare de cette réforme électorale : dans les communes de 1 000 habitants et plus, les listes doivent être composées alternativement de candidats de sexe différent. Cette réforme répond à la volonté de **rendre le scrutin municipal plus paritaire**, en permettant une meilleure représentation des femmes dans les conseils municipaux des petites communes. Par ailleurs, avec cette réforme, les groupes d'élus minoritaires auront également une plus grande place au sein des assemblées municipales, permettant un fonctionnement plus démocratique.

■ Les modes de scrutin diffèrent donc selon la taille de la commune :

- Dans les communes de **moins de 1 000 habitants** : le scrutin est **majoritaire**, plurinominal, de liste, à deux tours. Les candidats peuvent former des listes incomplètes ou se présenter seuls. Les suffrages sont comptabilisés pour chaque candidat individuellement et non pour chaque liste. Le panachage entre les listes est autorisé (possibilité de supprimer des noms ou d'en ajouter, à condition qu'il s'agisse de personnes candidates sur une autre liste). Le vote se déroule au scrutin majoritaire. La majorité absolue des suffrages exprimés ainsi que 25 % des électeurs inscrits sont nécessaires pour être élu au premier tour. Au second tour, la majorité relative est suffisante.
- Dans les communes de **1 000 habitants et plus** : le vote se déroule au **scrutin proportionnel de liste**, à deux tours, avec prime majoritaire pour la liste arrivée en tête (scrutin dit « mixte »). Les listes doivent être composées d'un homme et d'une femme (ou d'une femme et d'un homme) en alternance. Les candidats se présentent en listes complètes et le panachage n'est pas autorisé. Une liste est élue dès le premier tour si elle obtient la majorité absolue des suffrages exprimés et 25 % des électeurs inscrits. Dans le cas contraire, un second tour est organisé ; seules les listes ayant obtenu au premier tour 10 % des suffrages exprimés peuvent y participer. Les listes ayant obtenu 5 % des suffrages exprimés peuvent néanmoins fusionner avec une autre liste présente au second tour. La liste qui arrive en tête au second tour bénéficie d'une prime majoritaire de 50 % et se voit ainsi attribuer d'office la moitié des sièges du conseil municipal. Les autres sièges sont répartis à la représentation proportionnelle entre les listes ayant obtenu 5 % des suffrages exprimés.

■ Il est à noter aussi, qu'avec la réforme électorale du 17 mai 2013, l'élection des conseillers communautaires est liée à celle des conseillers municipaux par un **système de fléchage**, les modalités pour désigner les conseillers communautaires étant distinctes selon que la commune compte moins de 1 000 habitants ou 1 000 habitants ou plus.

19. Qu'est-ce qu'une commune nouvelle ?

■ La commune nouvelle est issue de la loi de réforme des collectivités territoriales du **16 décembre 2010**. Cette disposition remplace le dispositif de fusion de communes issu de la loi du 16 juillet 1971 (dite loi Marcellin). C'est donc un nouveau dispositif de fusion de communes.

■ La commune nouvelle est une **collectivité territoriale qui se substitue à plusieurs communes contiguës**. Celles-ci subsistent sous forme de « communes déléguées » reprenant le nom et les limites territoriales de l'ensemble des anciennes communes dont la commune nouvelle est issue.

■ La commune nouvelle est substituée aux communes pour toutes les délibérations et les actes, pour l'ensemble des biens, droits et obligations ; tous les personnels municipaux sont rattachés à la commune nouvelle.

■ Chaque commune déléguée dispose :

- d'un maire délégué et éventuellement d'un ou plusieurs adjoints, désignés par le conseil municipal de la commune nouvelle, parmi ses membres ;
- d'une annexe de la mairie dans laquelle sont établis les actes d'état civil concernant les habitants de la commune déléguée.

■ Le conseil de la commune déléguée délibère sur l'implantation de proximité (écoles, social, culturel, sportif, etc.) qu'il gère. Il peut, à la demande de la commune nouvelle, gérer un équipement ou un service. Il est consulté notamment sur le montant des subventions aux associations et le PLU et toute opération d'aménagement.

■ L'objectif poursuivi s'inscrit dans la **volonté de réformer l'organisation territoriale**, en limitant l'imbrication des institutions locales, en rendant le fonctionnement plus économique et en améliorant la gouvernance.

■ Toutefois, vu le peu de succès de ce dispositif (seulement 13 communes nouvelles créées en 4 ans), une **nouvelle loi a été adoptée le 4 mars 2015**, en vue d'améliorer le statut de la commune nouvelle, notamment au travers des mesures suivantes :

- la nouvelle loi permet aux maires des communes déléguées d'être automatiquement adjoints au maire de la commune nouvelle ;
- la mise en place d'un **pacte financier** visant à impulser, en début de mandat, les projets de commune nouvelle. Ce pacte va garantir aux communes nouvelles, de moins de 10 000 habitants, créées avant le 1er janvier 2016, une stabilisation de la DGF ; par ailleurs, pour les communes comprises entre 1 000 et 10 000 habitants, une bonification de 5 % de la DGF sera appliquée. Pour bénéficier de ce pacte financier, les projets de communes nouvelles doivent être finalisés au plus tard à l'automne 2015.

Pour l'Association des maires de France, l'adoption de cette nouvelle loi « ouvre une opportunité exceptionnelle aux élus de redéfinir eux-mêmes la commune, institution préférée des Français et lieu d'exercice de la démocratie, dans un contexte de fortes contraintes financières et de mutation de l'action publique ».

■ Au 1er janvier 2019, on compte 800 communes nouvelles.

20. Quelles sont les modalités d'élection des conseillers départementaux ?

■ Les conseillers départementaux sont élus au suffrage universel direct, selon un **scrutin binominal majoritaire** à deux tours. Ils constituent ainsi le conseil départemental, assemblée délibérante.

■ Ils sont élus pour un mandat de **six ans** ; pour être élu au premier tour, un binôme doit recueillir **à la fois la majorité absolue et un quart des électeurs inscrits**. Si aucun des binômes ne l'emporte au premier tour, un second tour est organisé. Au second tour, sont autorisés à se présenter les binômes ayant obtenu au moins 12,5 % des voix des électeurs inscrits. Au second tour, la majorité relative (le plus grand nombre de voix) suffit pour être élu.

■ Application du **principe de parité : binôme de deux conseillers** départementaux (une femme/un homme ou un homme/une femme) **titulaires + binôme de deux remplaçants** (également composé de deux personnes de sexe différent) par canton ; chaque candidat et son remplaçant sont du même sexe.

■ Ce nouveau mode de scrutin est entré en vigueur lors des élections départementales de **mars 2015**.

21. Quels sont les grands axes de la loi NOTRe ?

■ La loi portant Nouvelle Organisation Territoriale de la République (NOTRe) constitue le troisième volet de la réforme de l'organisation territoriale, après la loi de modernisation de l'action publique territoriale et d'affirmation des métropoles (loi « Maptam ») et la loi relative à la délimitation des régions.

■ La loi NOTRe a été promulguée le 7 août 2015. Elle poursuit **cinq objectifs** : simplifier ; mettre en cohérence l'action de l'État sur le territoire ; renforcer la proximité ; améliorer l'efficacité, faire des économies, moderniser les méthodes de travail ; conforter l'équilibre des territoires.

■ Les **principaux axes de la loi « NOTRe »** sont les suivants :

– La **suppression de la clause de compétence générale** pour les départements et les régions.

– Le **renforcement du rôle de la région** en matière de développement économique. Responsable notamment de la politique de soutien aux petites et moyennes entreprises et aux entreprises de taille intermédiaire. En charge d'élaborer un schéma régional de développement économique, d'innovation et d'internationalisation **(SRDEII)**, en vue de fixer les orientations régionales pour une durée de 5 ans. A également la charge de l'aménagement durable du territoire ; élaboration d'un schéma régional d'aménagement durable du territoire **(SRADDT)** dans lequel figureront les orientations stratégiques en matière d'aménagement du territoire, mobilité, lutte contre la pollution de l'air, maîtrise et valorisation de l'énergie, logement et gestion des déchets.

– Le **transfert des compétences des départements à la région en matière de transport, dans les 18 mois** qui suivent la promulgation de la loi. Les services de transport routier départementaux et les transports scolaires seront donc confiés à la région.

– Le **département demeure chef de file dans le domaine de l'action sociale et des solidarités.**

– Le **renforcement de l'intercommunalité** : seuil minimal fixé à 15 000 habitants (et non plus 5 000 habitants) ; intercommunalités organisées autour de « bassins de vie ». Possibilité de dérogations pour les zones de montagne et les territoires peu denses (seuil minimal à 5 000 habitants). En outre, les intercommunalités de 12 000 habitants au moins récemment constituées pourront être maintenues.

– Le **transfert** aux communautés de communes et aux communes d'agglomération de la gestion de l'eau potable et de l'assainissement depuis janvier 2020.

– La **création de la métropole du Grand Paris** (1er janvier 2016).

– La **collectivité de Corse devient une collectivité à statut particulier** au 1er janvier 2018.

– L'obligation, pour les collectivités **de plus de 3 500 habitants** et leurs établissements publics, à partir de janvier 2017, de mettre en ligne de façon **gratuite** toutes les données publiques concernant leur territoire : politique d'ouverture des données, dite « **open data** ».

– L'**obligation de création d'un CCAS** non plus pour toutes les communes, mais uniquement pour celles **comptant au moins 1 500 habitants**.

Les finances et la commande publique

Questions corrigées

1. Quels sont les différents documents budgétaires ?

On compte **cinq** documents budgétaires.

■ **Le budget primitif** (BP) : on y trouve toutes les recettes et dépenses prévues et autorisées pour une année civile. Le budget primitif est obligatoire. Un budget supplémentaire et des décisions modificatives peuvent apporter des corrections en cours d'année.

■ **Le budget supplémentaire** (BS) : il intervient pour réajuster, en cours d'exercice, les prévisions du budget primitif. Le BS est aussi un budget de report ; quand le BP est élaboré, les résultats de l'exercice précédent qui s'achève ne sont pas encore connus. Le BS répercute ainsi, en cours d'année, les résultats de l'exercice comptable écoulé.

■ **Les budgets annexes** : ces documents présentent annuellement les opérations budgétaires propres à certaines missions de service public, notamment le service de l'eau, le service de l'assainissement.

■ **Le compte administratif** (CA) : il est voté au plus tard le 30 juin de l'année N + 1. On y trouve toutes les recettes et les dépenses effectivement exécutées, c'est le résultat de l'exercice clos. Le compte administratif est le relevé exhaustif des opérations financières, des recettes et des dépenses qui ont été réalisées dans un exercice comptable donné.

■ **Le compte de gestion** : il est confectionné par le trésorier, comptable de la collectivité. C'est une **double tenue de compte** qui décrit en permanence la situation patrimoniale de la collectivité, c'est-à-dire tout ce que la collectivité possède, tout ce qu'elle doit ou ce qu'on lui doit et la situation de la trésorerie (les disponibilités).

C'est le comptable qui est chargé d'encaisser les recettes et de payer les dépenses ordonnancées par l'ordonnateur (organe exécutif de la collectivité). Le compte de gestion retrace les opérations budgétaires en dépenses et en recettes, selon une présentation analogue à celle du compte administratif.

Le compte de gestion est également soumis au vote de l'assemblée délibérante qui acte ainsi la stricte concordance avec le compte administratif.

2. Quelles sont les principales compétences de la Cour des comptes ?

■ Créée par la loi du **16 décembre 1807**, la Cour des comptes est une juridiction administrative indépendante.

■ Le **fonctionnement de la Cour des comptes :** elle comprend sept chambres composées d'un président de chambre, de conseillers maîtres, de conseillers référendaires, d'auditeurs, de rapporteurs et d'experts. Chaque chambre se voit attribuer des domaines de compétences et un portefeuille de ministères et d'organismes publics ou privés dont elle va assurer la certification des comptes. Ses membres sont des magistrats inamovibles régis par les dispositions statutaires de la fonction publique de l'État. Le président de la Cour des comptes est Didier MIGAUD, magistrat nommé en Conseil des ministres.

Cette Cour compte 735 magistrats et a un budget de fonctionnement de 214 millions d'euros.

■ La Cour des comptes a **cinq rôles principaux** distincts :

– La **première mission** : juger de la régularité des comptes établis par les comptables publics dans les différents services de l'État. C'est un contrôle juridictionnel très technique qui vérifie que les règles spécifiques s'imposant aux comptables publics sont bien respectées.
Les comptes des comptables des collectivités territoriales et de leurs établissements publics sont, quant à eux, soumis au contrôle des chambres régionales des comptes. La Cour des comptes est, dans ce cas, juge d'appel.

– La **deuxième mission** : contrôler le bon emploi et la bonne gestion des fonds publics. C'est un contrôle administratif. Chaque année, la Cour procède à des investigations au cours desquelles les conseillers enquêtent sur pièces et sur place. À l'issue de ces enquêtes, la Cour des comptes établit un rapport, destiné au ministre concerné, qui pointe les éventuelles défaillances ou gaspillages constatés dans un service.
Cette activité se concrétise aussi par la publication du rapport annuel de la Cour des comptes. Celui-ci est de plus en plus médiatisé, dans la mesure où il n'hésite pas à fustiger le mauvais emploi des deniers publics. Les conclusions de la Cour des comptes sur les dysfonctionnements administratifs dans l'utilisation de l'argent public doivent en principe donner lieu, de la part des pouvoirs publics, à des corrections.

– La **troisième mission** : certifier la régularité, la sincérité et la fidélité des comptes de l'État, des entreprises publiques, de la Sécurité sociale.

– La **quatrième mission** : assister le Parlement et le gouvernement en vue de vérifier la bonne exécution des lois de finances de l'État et des lois de financement de la Sécurité sociale. Elle établit chaque année un rapport sur l'exécution des lois de finances, transmis au Parlement au mois de juillet.

– La **cinquième mission**, depuis la révision constitutionnelle de juillet 2008 : assister, de manière générale, le Parlement dans le contrôle de l'action du gouvernement.

3. Qu'est-ce que la M14 ?

■ **L'instruction budgétaire et comptable M14** est le cadre juridique qui réglemente la comptabilité des communes, des SPA, des EPA, des syndicats de communes et des EPCI. La comptabilité de l'État, de par ses spécificités, n'applique pas le plan comptable M14.

■ La M14 améliore l'information budgétaire et financière, en particulier sur la situation patrimoniale des communes ; elle permet aux ordonnateurs et aux comptables de suivre plus finement les finances de la collectivité et facilite l'analyse de la situation financière (niveau d'endettement, autofinancement, etc.).

■ Elle vise à rapprocher les méthodes comptables des collectivités locales de celles des entreprises privées à travers un **plan comptable**.

■ Dans les **communes de plus de 3 500 habitants**, la M14 met en place une nomenclature fonctionnelle, permettant de reclasser les recettes et les dépenses selon les politiques conduites par la commune (enseignement, culture, action économique, administration générale, etc.). Le vote du budget peut également s'effectuer par fonction, mais seulement pour les communes de 10 000 habitants et plus.

■ L'ordonnance du 26 août 2005 relative à la simplification et à l'amélioration des règles budgétaires et comptables applicables aux collectivités territoriales a modifié l'instruction M14 : la pluriannualité est renforcée et le régime des provisions réformé.

■ Un arrêté du 21 décembre 2015 a actualisé l'instruction budgétaire et comptable. Il est applicable depuis le 1er janvier 2016.

■ Pour rappel, différentes comptabilités sont applicables, selon le type de collectivités (communes, départements, régions) et selon la nature de l'activité exercée (service public administratif ou service public à caractère industriel et commercial), par exemple :

- M14 pour les communes ;
- M52 pour les départements ;
- M71 pour les régions ;
- M4 pour les services à caractère industriel et commercial.

4. Qu'est-ce qu'un marché public ?

■ L'ordonnance du 23 juillet 2015 relative aux marchés publics donne une définition du marché public.

■ Les marchés publics sont les contrats conclus, par écrit, à titre onéreux entre les pouvoirs adjudicateurs et des opérateurs économiques publics ou privés, pour répondre à leurs besoins en matière de travaux, de fournitures ou de services. On entend par pouvoirs adjudicateurs, les personnes morales de droit public suivantes :

- l'État et ses établissements publics autres que ceux ayant un caractère industriel et commercial ;
- les collectivités territoriales et les établissements publics locaux, les EPCI.

■ Un marché public est donc un accord écrit, actant de l'accord de volonté entre au moins deux personnes dotées de la personnalité juridique, pour répondre aux besoins de l'administration publique en matière de fournitures, services et travaux.

■ La passation d'un marché public est soumise à des règles de publicité, de mise en concurrence et d'impartialité.

■ L'acheteur public doit se conformer à différents types de procédures, déterminés notamment en fonction du montant, de la nature du marché (travaux, fourniture ou services) et du type d'acheteur public (État, collectivités territoriales ou établissements publics). En fonction des montants hors taxe engagés pour l'achat public et de l'objet du marché, les procédures à respecter sont différentes.

■ Une nouvelle réforme d'importance a pris effet au 1er avril 2016. Il s'agit d'une **refonte des contrats de la commande publique**. L'ensemble des dispositions, jusqu'alors dispersées dans plusieurs textes différents, dont le Code des marchés publics, l'ordonnance du 6 juin 2005 et l'ordonnance du 17 juin 2004 sur les contrats de partenariat, est dorénavant rassemblé en un **seul corpus**. Le Code des marchés publics n'existe plus, on parle d'une « **ordonnance relative aux marchés publics** » avec des décrets d'application.

■ Depuis le 1er octobre 2018, tous les marchés publics dont le montant est égal ou supérieur à 25 000 euros HT doivent **être publiés sur une plateforme en ligne**.

■ Depuis le 1er avril 2018, le DUME (document unique de marché européen) doit être transmis par voie électronique pour tous les marchés.

■ Depuis le 1er janvier 2020, la généralisation progressive de la facturation électronique entre les personnes publiques et leurs fournisseurs, est achevée : toutes les entreprises, quelle que soit leur taille, doivent transmettre leurs factures sous forme électronique.

5. Quelles sont les principales ressources d'une commune ?

La commune, collectivité territoriale, bénéficie à ce titre de l'autonomie financière. Elle a des ressources propres pouvant être regroupées en **deux grandes catégories**.

Les ressources définitives

Ce sont les ressources les plus importantes quantitativement. Elles proviennent des **impôts, des taxes et des concours de l'État :**

– Les **quatre principaux impôts directs locaux**, dont trois concernent les ménages sont les suivants :

- la taxe d'habitation (elle sera supprimée en 2022) ;
- la taxe foncière sur les propriétés bâties ;
- la taxe foncière sur les propriétés non bâties ;
- la contribution économique territoriale (ex-taxe professionnelle).

Ces **quatre taxes** représentent à elles seules **90 % de la fiscalité directe locale.**

– La fiscalité locale comporte en outre **d'autres impôts directs locaux moins importants** (par exemple la taxe d'enlèvement des ordures ménagères), ainsi que de **nombreuses taxes** formant le contingent de la **fiscalité locale indirecte** (par exemple, droits de mutation à titre onéreux, taxe sur les surfaces commerciales, sur les emplacements publicitaires). Ce sont tous les produits de la fiscalité qui permettent d'atteindre l'équilibre budgétaire. En 2017, la fiscalité communale (ensemble des impôts et taxes perçus) s'élevait à près de **51,7 milliards d'euros.**

– La **DGF**, pour les communes, s'est élevée, en 2017, à 11,7 milliards d'euros (au total **18,3 milliards d'euros pour les communes et leurs groupements**).

– Les **produits d'exploitation du domaine et des services publics** (recettes d'assez faible importance) : loyers sur des biens du domaine privé, rémunération d'une convention d'occupation du domaine public, etc. ; les revenus des services publics locaux et, le cas échéant, les fonds structurels européens.

En 2017 (extrait de la publication des chiffres clés 2018 du ministère de l'Intérieur et du ministère de la Cohésion des territoires), les **dépenses totales de fonctionnement** des communes se sont élevées à **68 milliards d'euros** ; les **dépenses d'investissement** (hors remboursements des emprunts) se sont élevées à **19,3 milliards d'euros.**

Les ressources temporaires

La commune peut recourir à **l'emprunt**, mais cette ressource doit exclusivement financer la section d'investissement du budget communal.

6. Qu'est-ce qu'un budget annexe ?

■ À côté du budget principal, on trouve les budgets annexes. Ils rassemblent les opérations financières des services publics industriels et commerciaux. Certains sont obligatoires comme l'eau, l'assainissement. C'est en effet la loi qui a défini les différents types et catégories de budgets annexes possibles.

■ L'intérêt de ces budgets est d'établir le coût réel du service et d'en déterminer avec précision le prix à payer par les seuls utilisateurs pour équilibrer les comptes. Cela permet de rationaliser la gestion de la collectivité.

■ Les budgets des CCAS ou des caisses des écoles appelés communément « budgets annexes » s'apparentent plus à un budget autonome, dans la mesure où ce sont les instances propres de l'établissement qui adoptent le budget.

■ Les budgets annexes sont une exception à la règle de l'unité ainsi qu'à la règle de l'universalité.

7. Quelles sont les principales ressources d'un EPCI à fiscalité propre ?

■ Les EPCI à fiscalité propre relèvent de l'intercommunalité de projet (forme fédérative), elles exercent à ce titre des compétences obligatoires. Pour ce faire, elles sont dotées de moyens propres que nous détaillons ci-dessous.

■ Les **contributions fiscalisées**, avec deux régimes fiscaux qui sont autorisés aux EPCI :

- une fiscalité additionnelle à celle perçue par les communes (taxe d'habitation, taxe foncière sur les propriétés bâties, taxe foncière sur les propriétés non bâties, contribution économique territoriale, CET) ;
- ou bien, dans certains cas, à la place des communes (taxe professionnelle unique).

Les EPCI votent donc les taux d'imposition qu'ils veulent voir appliqués, dans le respect des dispositions légales.

■ Les **concours financiers de l'État**, qui sont des sources de financement non fiscales, elles sont principalement **au nombre de quatre** :

- la dotation globale de fonctionnement (**DGF**) ou « dotation d'intercommunalité » ;
- la dotation de développement rural (**DDR**), qui est versée, sous certaines conditions démographiques, aux groupements de communes à fiscalité propre exerçant une compétence en matière d'aménagement de l'espace et de développement économique ;
- le fonds de compensation de la TVA (**FCTVA**) ;
- la dotation globale d'équipement (**DGE**).

■ Les produits des **redevances**, **taxes** (taxe sur l'enlèvement des ordures ménagères par exemple) ou des **prestations/services** perçus auprès des habitants et/ou usagers.

■ En 2017, les recettes totales des EPCI à fiscalité propre se sont élevées à **33,77 milliards d'euros**.

8. Quelles sont les compétences de la Cour de discipline budgétaire et financière ?

■ Créée par la **loi du 25 septembre 1948**, la Cour de discipline budgétaire et financière est liée à la Cour des comptes.

■ Elle est composée de membres de la Cour des comptes et de membres du Conseil d'État. Elle est présidée par le premier président de la Cour des comptes et son vice-président est le président de la section des finances du Conseil d'État. Elle comprend en outre, depuis la **réforme 2005 (décret du 17 juin 2005)**, cinq membres du Conseil d'État et cinq membres de la Cour des comptes, nommés par décret en Conseil des ministres pour cinq ans. Six membres suppléants sont également nommés (trois en provenance du Conseil d'État, trois en provenance de la Cour des comptes). Ses membres se répartissent en **deux sections**.

■ **Ses missions** consistent à sanctionner les actes des agents publics qui constituent des fautes lourdes ou des irrégularités dans la gestion des finances publiques :

- **infractions aux règles de la comptabilité publique :** engagement d'une dépense en infraction avec les règles du contrôle financier, imputation irrégulière d'une dépense en vue de dissimuler un dépassement de crédit, engagement d'une dépense par une personne non habilitée, etc. ;
- **infractions à la morale administrative :** attribution dans l'exercice des fonctions d'un avantage injustifié, pécuniaire ou en nature, à autrui ou elle-même, préjudice porté à la collectivité.

■ Sont **justiciables** de la Cour : les membres des cabinets ministériels, les fonctionnaires et les personnes liées à un organisme soumis au contrôle de la Cour des comptes, dès lors qu'ils ont participé à des actes de gestion. Les membres du gouvernement ne sont pas justiciables de la Cour ; les élus locaux, en tant qu'ordonnateurs, ne le sont que dans des situations exceptionnelles (par exemple, quand ils sont à l'origine d'une condamnation de leur collectivité à une astreinte).

9. Quelles sont les principales recettes du département ?

■ Le département perçoit principalement **quatre grands types de recettes** : les recettes provenant de la fiscalité directe et indirecte, les recettes provenant des **dotations de l'État,** les recettes provenant des **financements extérieurs, l'emprunt.**

■ Les recettes provenant de **la fiscalité directe et indirecte** :

– La fiscalité directe : taxe foncière (payée par les propriétaires de logements) ; unique impôt dont le conseil départemental peut moduler le taux ; la CVAE (cotisation sur la valeur ajoutée des entreprises) et fonds de péréquation ; IFER (imposition forfaitaire sur les entreprises de réseaux) ; FNGIR (Fonds national de garantie individuelle de ressources).

– La fiscalité indirecte : TICPE (taxe intérieure de consommation sur les produits énergétiques) ; droits de mutation (payés lors des transactions immobilières) et fonds de péréquation ; TSCA (taxe spéciale sur les conventions d'assurance) ; taxe sur l'électricité ; taxe d'aménagement.

■ Les recettes provenant **des financements extérieurs** : aides financières provenant de l'Union européenne, l'État, la région, pour financer certains investissements.

■ En 2018, les recettes totales de fonctionnement des départements se sont élevées à près de **71 milliards d'euros**.

10. Quelles sont les règles à respecter dans l'achat public par une collectivité territoriale ?

■ L'achat public est une dépense en vue de l'acquisition de biens ou services visant à satisfaire des besoins propres exprimés par l'acheteur (à la différence d'une subvention notamment).

■ L'achat public obéit à des **principes fondamentaux** qui ont été fixés par le décret du 1er août 2006 portant Code des marchés publics, à savoir :

– La **liberté d'accès à la commande publique** :

Depuis le 1er janvier 2020, les seuils de procédure formalisée des marchés publics sont relevés à :

• **seuil de dispense de procédure** pour la passation des marchés publics fixé à **40 000 euros HT**. L'acheteur a pour seules obligations de choisir une offre pertinente, de faire une bonne utilisation des deniers publics et de ne pas contracter systématiquement avec un même fournisseur lorsqu'il y a plusieurs offres susceptibles de répondre à son besoin ;

• pour les marchés dont le montant est **inférieur à 90 000 euros HT**, l'acheteur publie l'avis de marché sur le **support de son choix** (sur son site internet ou dans un journal qui n'a pas le statut de journal d'annonces légales, par exemple) ;

• de **90 000 euros à 213 999,99 euros**, il faut publier l'annonce au BOAMP ou un Journal d'annonces légales ;

• **214 000 euros HT** pour les marchés publics de fournitures et de services des collectivités territoriales : procédure formalisée avec publication obligatoire au JOUE ;

• **5 350 000 euros HT** pour les marchés publics de travaux et les contrats de concessions.

Et pour tout marché ayant une valeur d'**au moins 40 000 € HT** et pour lequel un avis de publicité a été publié (JOUE, BOAMP, JAL, etc.), une publicité adaptée doit être passée par voie électronique sur la plateforme de l'acheteur.

– **L'égalité de traitement des candidats :** des règles claires doivent être fixées dans l'avis de publicité et dans le règlement de consultation afin de garantir la libre concurrence et le même niveau d'information sur les conditions du marché pour tous les candidats ; c'est l'application du **principe d'impartialité** ; une inégalité de traitement peut être considérée comme constitutive d'un délit de favoritisme et générer des sanctions pénales ;

– **La transparence des procédures :** dans le règlement de la consultation, il faut énoncer clairement les critères de sélection des candidatures et des offres, ainsi que les modalités de pondération et de jugement des offres.

Pour tous les achats publics (fournitures, services ou travaux) supérieurs à **90 000 euros HT**, le pouvoir adjudicateur doit disposer d'un **profil d'acheteurs**.

■ Ces principes permettent d'assurer l'efficacité de la commande publique et la bonne utilisation des deniers publics.

11. Expliquez le principe de séparation de l'ordonnateur et du comptable.

■ Le principe de séparation de l'ordonnateur et du comptable constitue l'une des deux seules règles fondamentales de la comptabilité publique (pour rappel, l'autre règle institue la responsabilité personnelle et pécuniaire du comptable).

■ Ce principe est posé à **l'article 20 du décret du 29 décembre 1962** : « Les fonctions d'ordonnateur et celles de comptable public sont incompatibles [...], les conjoints des ordonnateurs ne peuvent être comptables des organismes auprès desquels lesdits ordonnateurs exercent leurs fonctions. » C'est la garantie de la sécurité dans la gestion des fonds publics.

■ L'ordonnateur et le comptable sont chargés, ensemble mais chacun dans son rôle, de l'exécution du budget de la collectivité ou de l'établissement public : « Les opérations financières et comptables résultant de l'exécution des budgets ou des états de prévision de recettes et de dépenses des organismes publics incombent aux ordonnateurs et aux comptables publics. Ces opérations concernent les recettes, les dépenses, la trésorerie et le patrimoine. »

■ **L'ordonnateur**, qui est l'exécutif des collectivités (maire, président du conseil départemental ou régional), donne l'ordre d'engager les dépenses et de recouvrer les recettes, mais il ne peut pas manipuler les fonds publics. Il tient le compte administratif.

■ **Le comptable public** est chargé d'exécuter les dépenses et les recettes selon les indications de l'ordonnateur, mais il ne lui est pas subordonné. Il est responsable personnellement et sur son propre argent de ces opérations. C'est un fonctionnaire de l'État dépendant du corps des comptables du Trésor. Il tient le compte de gestion de la collectivité.

■ L'application du budget obéit à des règles précises faisant intervenir successivement l'ordonnateur et le comptable public.
Pour les dépenses, il y a **quatre opérations**, trois relevant de l'ordonnateur (phase administrative) et une du comptable (phase comptable) :

- **L'engagement :** décision par laquelle l'ordonnateur décide d'effectuer une dépense. Elle se traduit par l'affectation des crédits nécessaires au règlement de la dépense.
- **La liquidation :** il s'agit de vérifier la réalité de la dette de la collectivité et de fixer le montant de la dépense.
- **L'ordonnancement :** c'est le mandat de paiement par lequel l'ordonnateur donne l'ordre au comptable de payer.
- **Le paiement par le comptable :** il procède d'abord à certaines vérifications, portant sur la régularité des opérations précédentes, et ensuite au paiement de la dépense (établit les chèques, effectue les virements), se succèdent également la phase administrative puis la phase comptable.

Pour les recettes : il y a l'émission d'un ordre de recettes (phase administrative) ; la collectivité constate qu'un administré doit s'acquitter d'une somme correspondant à un service qui lui a été rendu (par exemple, repas pris dans une cantine scolaire, etc.) ; le contrôle, notamment de l'existence de l'autorisation de percevoir la recette et son recouvrement, c'est-à-dire son encaissement par le comptable public, constitue la phase comptable.

12. Expliquez le processus d'élaboration du budget d'une commune.

On distingue **deux grandes étapes** dans le processus d'élaboration du budget d'une commune.

- **L'étape technique :**

  – L'exécutif prépare le budget, avec l'appui de l'élu délégué aux finances, des services dépensiers municipaux qui vont faire des propositions et de la direction des finances qui centralise toutes les propositions et assure les différentes opérations de préparation du budget.

  – Les services de l'État apportent également leur concours en communiquant le montant prévisionnel des bases des quatre taxes, les éléments de calcul de la DGF, en donnant des informations sur l'évolution du contexte économique national, donc les éléments de calcul pour prévoir les recettes.

  – La commission municipale des finances est consultée pour examiner les différentes propositions faites par les services.

  – Le débat d'orientation budgétaire permet également de donner des informations complémentaires résultant des orientations qui vont être définies par le conseil municipal.

- **L'étape politique :**

  – Il y a d'abord les réunions entre le maire et ses adjoints pour hiérarchiser et faire les premiers arbitrages, avec l'appui de la direction générale des services.

  – Il y a ensuite le débat d'orientation budgétaire (DOB), obligatoire dans toute commune de 3 500 habitants et plus. Un débat doit avoir lieu au conseil municipal sur les orientations générales du budget, deux mois avant l'examen de celui-ci et donner lieu à une délibération spécifique.
  Ceci s'inscrit dans la logique du droit à l'information et du renforcement de la démocratie locale prévus dans le titre II de la loi d'orientation du 6 février 1992 relative à l'administration territoriale de la République.

  – Ce n'est qu'à l'issue des deux étapes que sera organisé le vote du budget. Le budget doit être voté au plus tard le **15 avril** de l'année à laquelle il s'applique (le 30 avril en année électorale).

13. Qu'est-ce qu'un budget primitif ?

■ Le budget primitif **(BP)** traduit en termes financiers les orientations et priorités politiques de chaque collectivité. Le budget doit contenir les dépenses correspondant à ces missions.

■ Le BP est un acte juridique qui prévoit et autorise les recettes et les dépenses pour une année civile. Il énonce très précisément l'ensemble des recettes et des dépenses pour l'année à venir.

■ Le BP est préparé et exécuté par l'organe exécutif, en collaboration étroite avec les services. Il doit être voté avant le 15 avril de chaque année. Il est contrôlé par le préfet et la chambre régionale des comptes (CRC).

■ Le BP est structuré en **deux sections** : la **section de fonctionnement** et la **section d'investissement**, chacune se composant d'une colonne dépenses et d'une colonne recettes. À l'intérieur de chaque colonne, il existe des chapitres, correspondant à chaque type de dépense ou de recette, ces chapitres étant eux-mêmes divisés en articles.

■ **La section de fonctionnement regroupe :**

- toutes les dépenses nécessaires au fonctionnement de la collectivité (charges à caractère général, de personnel, de gestion courante, intérêts de la dette, dotations aux amortissements, provisions) ;
- toutes les recettes que la collectivité peut percevoir des transferts de charges, de prestations de services, des dotations de l'État, des impôts et taxes, et éventuellement, des reprises sur provisions et amortissement que la collectivité a pu effectuer, notamment le produit des quatre grands impôts directs locaux, la dotation globale de fonctionnement (DGF) et la dotation générale de décentralisation (DGD).

■ **La section d'investissement comporte :**

- en dépenses : le remboursement de la dette et les dépenses d'équipement de la collectivité (travaux en cours, opérations pour le compte de tiers, etc.) ;
- en recettes : les emprunts, les dotations et subventions de l'État. On y trouve aussi une recette d'un genre particulier, l'autofinancement, qui correspond en réalité au solde excédentaire de la section de fonctionnement.

14. En quoi consiste le contrôle budgétaire des collectivités territoriales ?

■ Le budget est un acte administratif soumis à un contrôle spécifique, en plus du contrôle du droit commun des actes administratifs des collectivités territoriales (contrôle de légalité). Créé par **la loi du 2 mars 1982**, le contrôle budgétaire remplace la tutelle financière qui était un contrôle *a priori*.

■ Le contrôle budgétaire relève de la **compétence exclusive du préfet**, en liaison avec la **chambre régionale des comptes (CRC)**. Il vise au respect des règles de bonne gestion applicables tant au niveau de l'élaboration des actes qu'à celui de leur exécution. Le préfet est seul habilité, dans les cas prévus par le CGCT et après avis de la CRC, à réformer les documents budgétaires ; il détient un pouvoir de substitution qui lui permet de régler d'office et de rendre exécutoire le budget d'une collectivité.

■ Le contrôle budgétaire est prévu dans quatre cas :

- **Le budget n'est pas adopté à la date légalement prescrite**, le 15 avril de chaque année, ou le 30 avril les années d'élection : le préfet saisit la CRC qui formule des propositions pour le règlement du budget dans le délai d'un mois. Le préfet va régler le budget et le rendre exécutoire dans un délai de 20 jours à compter de la notification de l'avis de la CRC. Il doit assortir sa décision d'une motivation explicite s'il s'écarte des propositions de la CRC.

- **Le budget n'est pas adopté en équilibre réel :** le préfet saisit la CRC dans un délai de 30 jours à compter de la transmission du budget. La CRC constate le déséquilibre. Dans les 30 jours à compter de la saisine, elle propose à la collectivité les mesures nécessaires au rétablissement de l'équilibre et demande une nouvelle délibération qui doit intervenir dans le délai d'un mois. Si les mesures sont jugées suffisantes par la CRC, le budget est définitivement arrêté par la collectivité. Si la nouvelle délibération n'est pas prise dans les délais impartis ou si les propositions de redressement sont jugées insuffisantes par la CRC, le budget est réglé et rendu exécutoire par le préfet qui va inscrire des recettes supplémentaires ou diminuer des dépenses.

- Il existe un **déficit de l'arrêté de compte**.

- Il y a **omission ou insuffisance de crédits correspondant à des dépenses obligatoires** (dépense prévue par la loi ou résultant d'une décision de justice ou d'un engagement contractuel) : le préfet a le pouvoir d'inscrire d'office une dépense obligatoire non inscrite au budget, après saisine de la CRC. Si celle-ci reconnaît le caractère obligatoire de la dépense, elle met en demeure la collectivité d'inscrire la dépense au budget. Si cette mise en demeure n'est pas suivie d'effet, la CRC demande au préfet d'inscrire la dépense.

15. Quelle est la procédure d'exécution des dépenses dans une collectivité ?

Il faut distinguer **deux phases** dans l'exécution des dépenses : une **phase administrative** et une **phase comptable**.

- **La phase administrative :**

– L'engagement de la dépense :

Selon l'article 29 du décret du 29 décembre 1962, il s'agit d'un « acte par lequel un organisme public crée ou constate à son encontre une obligation de laquelle résultera une charge ». Il s'agit d'actes unilatéraux comme une commande de matériel, un arrêté nommant un fonctionnaire ou d'actes multilatéraux comme un contrat ou un marché.

Ces engagements juridiques sont précédés d'engagements comptables qui consistent à affecter les crédits à une opération précise.

– La liquidation de la dépense :

Le décret du 29 décembre 1962 rappelle la double nature de la liquidation. D'abord elle « a pour objet de vérifier la réalité de la dette ». C'est la traduction de la **règle du service fait**, selon laquelle le paiement des dettes est subordonné à la constatation de l'existence des prestations ou des services commandés. Elle a aussi pour objet « d'arrêter le montant de la dépense », c'est la liquidation proprement dite, c'est-à-dire le calcul de la dépense elle-même.

Il y a des **procédures exceptionnelles** en matière de liquidation des dépenses et qui dérogent à la règle du service fait. Ce sont les **avances**, c'est-à-dire des versements intervenant avant l'exécution de la prestation. Ce sont également les **acomptes :** la prestation est fractionnée en plusieurs tranches, la fin de chacune des tranches donnant lieu au paiement du montant correspondant ; les acomptes sont donc des versements en cours d'exécution d'un marché.

– L'ordonnancement de la dépense :

« L'ordonnancement est l'acte administratif donnant, conformément aux résultats de la liquidation, l'ordre de payer la dette de l'organisme public » (décret du 29 décembre 1962). Lorsque l'ordonnateur est une autorité territoriale, un président d'EPCI, c'est sous la forme plus simple d'un mandat de paiement qu'il est pris.

- **La phase comptable :**

L'intervention du comptable débouche sur le paiement après qu'un contrôle ait été entrepris.

– Le contrôle :

Il s'agit d'un contrôle de la régularité budgétaire. En effet, en application de la jurisprudence, le comptable ne peut se faire juge de la légalité des décisions administratives.

Le contrôle de l'opportunité est donc formellement exclu. Le décret du 29 décembre 1962 précise les points contrôlés et prévoit les suites.

Le contrôle porte sur **cinq points :** la qualité de l'ordonnateur, l'exacte imputation des dépenses aux chapitres qu'elles concernent, la disponibilité des crédits, la validité de la créance et le caractère libératoire du paiement.

Dans la majorité des cas, le contrôle ne révèle aucune irrégularité. Le comptable procède donc au paiement. Dans d'autres cas, une irrégularité est constatée, le comptable suspend alors le paiement. Il informe l'ordonnateur de sa décision et il la motive. L'ordonnateur peut, soit renoncer à l'opération, soit la régulariser si cela est possible. Il peut aussi user de son droit de réquisition si la suspension du paiement n'est pas motivée par l'indisponibilité des crédits, l'absence de service fait, l'absence de visa du contrôleur financier ou encore le caractère non libératoire du paiement. Sur le plan formel, l'ordre de réquisition est transmis à la Cour des comptes. Le comptable doit alors payer ; toutefois, sa responsabilité est dégagée. C'est l'ordonnateur qui engage sa propre responsabilité.

– Le paiement :

Le comptable procède au règlement de la dette en payant par le biais de différents moyens.

16. Quels sont les grands principes budgétaires ?

Ces principes, au nombre de **cinq**, font l'objet d'un contrôle exercé par le préfet et la chambre régionale des comptes (CRC), au titre du contrôle budgétaire.

■ Premier principe : le principe d'annualité

Le budget vaut pour 12 mois, du 1er janvier au 31 décembre.

Il doit être voté au plus tard le 15 avril de l'année à laquelle le budget s'applique (30 avril en année électorale).

■ Deuxième principe : le principe de l'équilibre

Les deux sections investissement et fonctionnement doivent être votées respectivement en équilibre : les recettes et les dépenses doivent s'équilibrer à l'intérieur de chacune des deux sections du budget.

Les recettes et les dépenses doivent être évaluées de façon sincère : les inscriptions budgétaires doivent tenir compte de tous les éléments de fait et de droit connus ou prévisibles au moment du vote du budget.

■ Troisième principe : le principe d'unité

Toutes les recettes et les dépenses figurent dans un **document budgétaire unique**, le budget général de la collectivité (logiciel M14).

Toutefois, d'autres **budgets, dits annexes**, peuvent être ajoutés au budget général afin de retracer l'activité de certains services. Il en va ainsi pour le budget des services publics industriels et commerciaux – eau, chauffage urbain, par exemple –, qui doivent obligatoirement être annexés au budget général de la collectivité. Les services publics industriels et commerciaux gérés directement par les communes doivent, quant à eux, obligatoirement figurer dans un budget annexe.

■ Quatrième principe : le principe d'universalité

Toutes les opérations de dépenses et de recettes sont indiquées dans leur intégralité : c'est l'exigence **de sincérité** des documents budgétaires, c'est le fait également que les recettes financent indifféremment les dépenses. C'est le principe de non-affectation d'une recette à une dépense.

■ Cinquième principe : le principe de spécialité des dépenses

Une dépense n'est autorisée que pour un service et un objet particuliers. Ainsi, les crédits sont affectés à un service, ou à un ensemble de services, et sont spécialisés par chapitre groupant les dépenses selon leur nature ou selon leur destination.

17. Qu'est-ce que le contrôle de gestion ?

■ La **circulaire du 21 juin 2001** relative au **développement du contrôle de gestion dans les administrations** définit le contrôle de gestion comme un « système de pilotage mis en œuvre par un responsable dans son champ d'attribution en vue d'améliorer le rapport entre les moyens engagés (y compris les ressources humaines) et soit l'activité développée, soit les résultats obtenus dans le cadre déterminé par une démarche stratégique préalable ayant fixé des orientations. Il permet d'assurer tout à la fois le pilotage des services sur la base d'objectifs et d'engagements des services et la connaissance des coûts, des activités et des résultats ».

■ Le contrôle de gestion est un outil de pilotage consistant à recueillir des données, des informations permettant d'assurer, en temps réel, le suivi opérationnel des actions mises en œuvre, de mesurer les écarts entre le prévisionnel, les objectifs fixés et le réalisé, les résultats du fonctionnement des services mais aussi de l'exécution des politiques décidées par les élus. Cette information stratégique est indispensable à la prise de décisions.

■ Le contrôle de gestion permet d'améliorer le suivi de l'utilisation des ressources, il s'inscrit donc dans une démarche de pilotage optimisé de l'action publique, pour une meilleure efficience.

■ Le contrôle de gestion s'avère d'autant plus nécessaire dans le cadre budgétaire actuel très contraint : il est un outil essentiel permettant une optimisation des dépenses et des recettes.

■ Le contrôle de gestion, **au travers de tableaux de bord de pilotage**, est donc un process continu, devant être entendu comme outil managérial stratégique. C'est avant tout un outil de dialogue entre la direction générale et les responsables opérationnels sur les résultats à atteindre et la façon d'y parvenir, et ce, dans les meilleures conditions possibles.

18. Quelles sont les dépenses obligatoires d'une commune ?

■ Les dépenses obligatoires d'une commune sont celles prévues par la loi ; la liste des dépenses obligatoires est codifiée dans le CGCT.

■ Ces dépenses obligatoires doivent donc être inscrites au budget de la commune, sachant que si une dépense obligatoire n'est pas inscrite au budget, le représentant de l'État peut l'inscrire d'office.

■ Sont ainsi obligatoires les **dépenses suivantes** :

– les **dépenses de personnel** : les rémunérations des agents – englobant les charges sociales ; les indemnités de fonction des élus locaux, les cotisations pour financer les organismes de formation ;

– les **dépenses d'entretien et de maintien en bon état des équipements** : dépenses d'entretien des voiries communales, des cimetières, etc. ;

– les **dépenses relatives à certains services publics** : dépenses liées au service d'enlèvement des ordures ménagères, aux services de salubrité publique, au service d'éducation (fonctionnement de l'enseignement primaire), au service de santé publique, au service de transports publics, etc. ;

– les **dépenses concernant la participation d'une commune** aux dépenses d'une autre collectivité territoriale : participation au financement des dépenses de fonctionnement et d'investissement d'un collège quand un ou plusieurs enfants fréquentent un collège du département situé dans une commune différente du lieu d'habitation de l'élève ; dépenses relatives au financement d'un organisme de coopération intercommunale lorsqu'elle en est membre ;

– la **dotation aux amortissements et aux provisions** : dépense obligatoire de la section de fonctionnement pour toute commune de plus de 3 500 habitants.

■ À titre d'exemple, en 2017, les **dépenses totales de fonctionnement** des communes se sont élevées à près de **68 milliards d'euros** ; le montant total des **dépenses d'investissement** s'est élevé à près de **21 milliards d'euros**.

19. Qu'est-ce que le compte de gestion ?

■ Le compte de gestion correspond à la double tenue de compte, celle tenue par le trésorier, agent de l'État.

■ Cette double tenue de compte décrit en permanence la situation patrimoniale de la collectivité, c'est-à-dire tout ce que la collectivité possède, tout ce qu'elle doit ou ce qu'on lui doit et la situation de la trésorerie (les disponibilités).

■ Avant le 1er juin de l'année qui suit la clôture de l'exercice, le trésorier établit un **compte de gestion** par budget voté (budget principal et budgets annexes).

■ Le compte de gestion retrace les opérations budgétaires en dépenses et en recettes, selon une **présentation analogue** à celle du compte administratif. Le compte de gestion comporte :

- une balance générale de tous les comptes tenus par le trésorier (comptes budgétaires et comptes de tiers notamment correspondant aux créanciers et débiteurs de la collectivité) ;
- le bilan comptable de la collectivité, qui décrit de façon synthétique l'actif et le passif de la collectivité ou de l'établissement local.

■ Le compte de gestion est également soumis au vote de l'assemblée délibérante qui peut constater ainsi la **stricte concordance** des deux documents, à savoir le compte administratif et le compte de gestion. Ce premier examen est suivi d'un second contrôle de nature juridictionnelle effectué par le juge des comptes.

■ Au vu des pièces justificatives, jointes en accompagnement du compte de gestion, le juge des comptes est à même d'apprécier la qualité de gestion du trésorier de la collectivité et peut, si des négligences sont constatées, engager la responsabilité personnelle et pécuniaire de celui-ci.

20. Qu'est-ce que le compte administratif ?

■ Le compte administratif est présenté de manière analogue au budget en faisant apparaître pour chaque chapitre ou article, à l'intérieur de chaque section, les prévisions budgétaires et les **opérations réellement effectuées en recettes et dépenses par l'ordonnateur**.

■ Le compte administratif est établi à l'aide de la comptabilité administrative tenue par l'ordonnateur et permet d'**assurer le contrôle des émissions de mandats et de titres de recettes effectuées durant l'exercice budgétaire** (année civile, y compris la journée complémentaire pour les dépenses et recettes de la section de fonctionnement seulement).

■ C'est donc **le compte de résultat au 31 décembre de l'exécution du budget annuel**.

■ Outre l'exécution du budget, le document comporte des informations statistiques et fiscales, des ratios, trois balances, une pour chaque section et une balance générale, ainsi que les annexes obligatoires, notamment : état de la dette, état des emprunts renégociés, tableau d'amortissement prévisionnel de la dette, état des immobilisations, état des cessions et acquisitions, état des provisions constituées, état du personnel, formation des élus, services assujettis à la TVA, état des concours aux associations, etc.

■ Le compte administratif de l'année N est présenté à l'assemblée délibérante par l'ordonnateur au plus tard le 30 juin de l'année N + 1. L'assemblée délibérante délibère et procède au vote sur le compte administratif en dehors de la présence de l'ordonnateur. Parallèlement, le comptable produit un compte de gestion à la clôture de chaque exercice qui doit strictement correspondre au résultat du compte administratif.

21. Quels sont les différents seuils de procédure des marchés publics pour les collectivités territoriales ?

■ Un seuil de procédure correspond à la valeur du marché au-delà de laquelle une procédure adaptée ou formalisée doit être lancée.

■ De plus, il importe de distinguer les **seuils de publicité** et les **seuils de procédure**.

■ **S'agissant des seuils de procédure**, il faut distinguer trois types différents de marchés déterminés en fonction de leur objet :

- marché de travaux : travaux du bâtiment et des constructions civiles (ponts, routes, etc.) ;
- marché de fournitures : achat de matériels, de mobilier ou de produits ;
- marché de services : services matériels (ex. : prestations d'entretien des locaux) ou immatériels (ex. : prestations de conseil).

■ Les seuils de procédure diffèrent selon la nature du besoin – donc selon les trois types de marchés identifiés ci-dessus – et du prix estimé :

- Le premier seuil est fixé à **39 999 euros HT** : jusqu'à ce seuil, les marchés sont considérés comme de faible montant ; aussi, la collectivité peut simplifier la mise en concurrence en demandant deux ou trois devis à des fournisseurs potentiels.
- Le deuxième seuil est fixé entre **40 000 euros HT et 213 999 euros HT** pour les marchés de fournitures et de services et **jusqu'à 5 349 999 euros HT** pour les marchés de travaux : la collectivité recourt à une procédure adaptée (négociation possible, mais à prévoir dans les documents de consultation).
- Le troisième seuil est fixé à partir de **214 000 euros HT** pour les marchés de fournitures et de services et à partir de **5 350 000 euros HT** pour les marchés de travaux : la collectivité doit recourir à une procédure formalisée.

22. Qu'est-ce que la loi MOP ?

■ **La loi du 12 juillet 1985 relative à la maîtrise d'ouvrage publique et à ses rapports avec la maîtrise d'œuvre privée, dite loi MOP** – et son décret d'application du **29 novembre 1993** –, met en place, pour les marchés publics, la relation entre maîtrise d'ouvrage et maîtrise d'œuvre. Elle constitue une des bases du droit de la construction publique avec le Code des marchés publics.

■ La loi MOP détermine les attributions, les missions des deux acteurs principaux de l'acte de construire dans le cadre d'une commande publique que sont la maîtrise d'ouvrage et la maîtrise d'œuvre.

■ La **maîtrise d'œuvre** est la mission que le maître de l'ouvrage peut confier à une personne de droit privé ou à un groupement de personnes de droit privé afin « d'apporter une réponse architecturale, technique et économique au programme » défini par le maître de l'ouvrage.

■ Le **maître d'œuvre** est « la personne physique ou morale, publique ou privée, qui, en raison de sa compétence technique, est chargée par le maître de l'ouvrage ou son mandataire, afin d'assurer la conformité architecturale, technique et économique de la réalisation du projet objet du marché, de diriger l'exécution des marchés de travaux, de lui proposer leur règlement et de l'assister lors des opérations de réception ainsi que pendant la période de garantie de parfait achèvement ».

■ **L'article 7 de la loi MOP** prévoit que « le maître de l'ouvrage peut confier au maître d'œuvre tout ou partie des **éléments de conception et d'assistance suivants** : les études d'esquisse ; les études d'avant-projet ; les études de projet ; l'assistance apportée au maître de l'ouvrage pour la passation du contrat de travaux ; les études d'exécution ou l'examen de la conformité au projet et le visa de celles qui ont été faites par l'entrepreneur ; la direction de l'exécution du contrat de travaux ; l'ordonnancement, le pilotage et la coordination du chantier ; l'assistance apportée au maître de l'ouvrage lors des opérations de réception et pendant la période de garantie de parfait achèvement ».

23. Quels sont les documents constitutifs d'un marché public ?

Il y a **deux grandes catégories de documents :** les documents réglementaires et les documents contractuels.

- **Les documents réglementaires**

Ces documents sont utilisés lors de la passation des marchés. Ils servent au respect des principes de base de la réglementation (organisation de la transparence, libre accès à la commande publique, mise en concurrence obligatoire) :

- avis de publicité (AAPC) objectif : égalité de traitement des candidats ;
- réglement de la consultation (RC) objectif : organisation de la transparence ;
- avis d'attribution.

- **Les documents contractuels**

Ces documents sont de deux ordres :

– Les **documents généraux** : le cahier des clauses administratives générales (CCAG) ; le cahier des clauses techniques générales (CCTG).

– Les **documents particuliers** :
- l'acte d'engagement (AE) ;
- le cahier des clauses administratives particulières (CCAP) ;
- le cahier des clauses techniques particulières (CCTP) ;
- lorsque ces pièces sont mentionnées comme pièces contractuelles, les documents tels que plans, notes de calculs, cahier des sondages, dossier géotechnique ;
- le bordereau de prix unitaire (BPU) ou la série de prix qui en tient lieu ;
- la décomposition du prix global et forfaitaire (DPGF), à moins que le marché ne prévoie le règlement de la totalité des prestations par un prix forfaitaire unique, l'état des prix forfaitaires, sous réserve de la même exception, le détail estimatif ;
- lorsque ces pièces sont mentionnées comme pièces contractuelles, les décompositions des prix forfaitaires et les sous-détails des prix unitaires,
- le mémoire technique de l'entreprise, les fiches techniques ou fiches produits.

- Après la notification du marché, il y a lieu d'ajouter :

- les bons de commande ;
- les ordres de service ;
- les avenants.

24. Que savez-vous de la contractualisation financière État/collectivités territoriales ?

■ Conformément à la **loi de programmation des finances publiques** (LPFP) **2018-2022**, les collectivités doivent participer à la réduction de la dette et à l'effort de maîtrise des dépenses publiques.

■ Les collectivités doivent contenir leurs dépenses de fonctionnement **en deçà de 1,2 % par an**, sur cinq ans et réduire leur besoin de financement à hauteur de 13 milliards d'euros cumulés d'ici 2022. Les dépenses de fonctionnement 2017 constituent la base de référence sur la durée du contrat.

■ Les communes de plus de 3 500 habitants, les départements et les régions doivent présenter ces objectifs d'évolution de leurs dépenses de fonctionnement et de leur besoin de financement dans leurs budgets principaux et annexes.

■ Les plus grandes collectivités doivent contractualiser ces engagements avec les préfets.

■ Le taux de 1,2 % est **toutefois modulable** en fonction de trois critères :
- l'accroissement de la population ou la croissance du nombre de logements ;
- la part de la population résidant en quartier prioritaire de la politique de la ville ;
- le revenu moyen par habitant.

■ Les collectivités respectant leur contrat d'objectif peuvent obtenir une majoration du taux de subvention de leurs projets financés au titre des dotations de soutien à l'investissement local.

■ Des sanctions sont prévues en cas de non-respect de l'objectif contractuel : le préfet effectue une reprise financière à hauteur de 75 % de l'écart constaté entre les dépenses exécutées et le plafond contractuel, sachant que la reprise ne peut excéder 2 % des recettes réelles de fonctionnement.

25. Qu'est-ce que l'excédent brut de fonctionnement (EBF) ?

■ L'EBE est le résultat comptable qui résulte de l'opération suivante :

Somme de l'ensemble des recettes/produits (ressources fiscales, dotations État, subventions/participations, autres produits de gestion courante) – **Somme de l'ensemble des charges** (achats et charges externes, impôts et taxes, charges de personnels, autres charges de gestion courante).

On peut aussi parler d'épargne brute de gestion.

■ L'EBF traduit la capacité de la collectivité à optimiser le résultat de sa gestion courante, hors incidence des frais financiers ou d'opérations exceptionnelles.

■ Pour l'ensemble des collectivités territoriales (communes, départements, régions), l'EBF s'est élevé à **29,9 milliards d'euros en 2017**. Pour les **communes**, ce montant s'est élevé à **16,9 milliards d'euros**.

26. Qu'est-ce que l'épargne brute ?

■ Le concept d'épargne brute ou d'autofinancement est au cœur de l'analyse financière. C'est l'indicateur de la santé de la collectivité territoriale.

■ Il correspond au flux de liquidités dégagé par l'activité courante de l'exercice : c'est le solde des opérations recettes réelles de fonctionnement (recettes réelles de fonctionnement – dépenses réelles de fonctionnement).

■ Il correspond à un **excédent de recettes réelles de fonctionnement** sur les dépenses réelles de fonctionnement. Cet excédent est indispensable pour financer les investissements et rembourser la dette existante.

■ Un autofinancement élevé sous-tend une marge d'absorption de nouvelles dépenses de fonctionnement ainsi qu'une capacité d'endettement et une capacité à investir.

■ L'épargne brute, contribution intrinsèque de la collectivité au financement de sa section d'investissement, trouve son premier usage dans le remboursement des emprunts : plus elle est importante, plus une dette élevée est tolérable.

27. Quels sont les principaux axes de la réforme de la commande publique ?

■ Le 1er octobre 2018, la stratégie du Gouvernement en matière de commande publique a été présentée.

■ L'objectif est d'assouplir le cadre de la commande publique, pour en faire un véritable outil de croissance pour les entreprises, notamment les PME.

■ Les **principaux axes** sont les suivants :
- la simplification du droit de la commande publique, grâce à l'élaboration d'un Code de la commande publique, applicable depuis le 1er janvier 2019 ;
- la dématérialisation des marchés publics et le développement du recours à la facturation électronique ;
- l'alignement des règles de la commande publique sur celles relevant du droit européen ; ceci permettra d'abaisser la durée d'archivage des pièces justificatives d'un marché public et de recourir librement à un avocat lors d'une procédure juridictionnelle sans passer par un marché public ;
- faciliter l'accès des PME à la commande publique, notamment en améliorant leur trésorerie, grâce à **plusieurs mesures**, telles :
  • augmenter de 5 % à 20 % le taux minimal des avances versées aux titulaires de marchés publics de l'État,
  • expérimenter sur trois ans la passation de gré à gré de marchés publics avec des PME portant sur des achats innovants, inférieurs à 100 000 euros ;
- faciliter le recours à l'affacturage inversé pour réduire les délais de paiement.

■ Les marchés publics dont l'exécution est exposée à des aléas majeurs des conditions économiques, comme les marchés de matières premières agricoles et alimentaires devront désormais obligatoirement contenir une clause de révision des prix.

28. Que savez-vous de la CAO (commission d'appel d'offres) ?

■ La commission d'appel d'offres (CAO) est **obligatoirement constituée**, dans les collectivités territoriales, pour toute **procédure formalisée** de marché public. Elle intervient, à titre principal, pour effectuer le choix des offres et donc attribuer le marché.

■ Elle n'est pas obligatoire en procédure adaptée. Dans ce cas, sa consultation ne vaudra que simple avis ; c'est l'assemblée délibérante qui attribuera le marché.

■ La CAO est composée de plusieurs collèges :

– le collège des élus, trois ou cinq élus selon la taille de la collectivité ;

– le collège des institutionnels : le comptable public ou un représentant de la direction de la concurrence ;

– un ou plusieurs membres du service technique compétent, chargé de suivre et de contrôler l'exécution du marché.

Seuls les élus ont voix délibérative, les autres collèges ne donnent qu'un avis et sont surtout présents pour éclairer les travaux de la commission.

29. Qu'est-ce qu'une procédure adaptée ? Qu'est-ce qu'une procédure formalisée ?

■ Une **procédure adaptée** est une procédure par laquelle l'acheteur définit librement les modalités de passation du marché, dans le respect des principes de la commande publique.

La procédure de passation doit être adaptée à la nature et aux caractéristiques du besoin à satisfaire, au nombre ou à la localisation des opérateurs économiques susceptibles d'y répondre ainsi qu'aux circonstances de l'achat. Le besoin est défini dans le cahier des charges.

■ L'acheteur peut passer un marché selon une procédure adaptée, notamment dans les cas suivants :

– quand la valeur estimée HT du besoin est inférieure aux seuils européens : **214 000 euros HT** pour les marchés publics de fournitures ou de services ; **5 350 000 euros HT** pour les marchés de travaux ;

– en raison de l'objet de ce marché : marchés de services sociaux et sanitaires ; marchés de service de restauration ; marchés de services juridiques, de services culturels et sportifs, etc.

■ La procédure adaptée permet une **mise en œuvre plus souple** des critères de sélection des offres : le pouvoir adjudicateur choisit librement les modalités de mise en œuvre des critères de sélection des offres ; possibilité pour les candidats de proposer des variantes ; possibilité pour l'acheteur de négocier (le niveau de qualité, le prix, etc.) avec les candidats ayant déposé une offre.

■ Une **procédure formalisée** est une procédure par laquelle le pouvoir adjudicateur doit passer quand la valeur estimée HT du besoin – et donc du marché – est **égale ou supérieure aux seuils européens** ; il recourt à l'une des procédures formalisées suivantes :

– L'appel d'offres, ouvert ou restreint : le pouvoir adjudicateur choisit l'offre économiquement la plus avantageuse, **sans négociation**, sur la base de critères objectifs préalablement portés à la connaissance des candidats ; l'appel d'offres est ouvert quand tout opérateur économique peut remettre une offre et l'appel d'offres est restreint quand les offres sont remises par les seuls opérateurs économiques qui y ont été autorisés après sélection. Le choix entre ces deux formes est libre.

– La procédure avec négociation : le pouvoir adjudicataire négocie les conditions du marché ou de l'accord-cadre avec un ou plusieurs opérateurs économiques.

– Le dialogue compétitif : quand le pouvoir adjudicateur n'est pas en mesure de définir son besoin avec précision, sur le plan technique et/ou financier (projet généralement complexe), il peut recourir au dialogue compétitif ; il va mener un dialogue avec les entreprises sélectionnées en vue de trouver des solutions permettant de répondre au mieux à ses besoins. Ce dialogue peut conduire à accepter l'offre d'un des candidats.

PARTIE 3

L'environnement professionnel

Questions corrigées

1. Quel est le rôle d'un directeur général des services (DGS) ?

■ Un DGS est le « chef d'orchestre », le **pilote des services administratifs** ; c'est lui qui coordonne, au quotidien, la mobilisation dynamique des ressources, des compétences techniques des services, afin de proposer à l'autorité territoriale et à son équipe, le meilleur cadre organisationnel pour mettre en œuvre le projet politique, le projet d'administration.

■ Il est le garant du fonctionnement serein et cohérent de l'administration, au service de l'intérêt général et du bien-être collectif. Il est le **collaborateur direct du maire, du président de la collectivité ou de l'EPCI**.

■ Il défend, au nom de l'autorité territoriale, les intérêts de la collectivité. À ce titre, il participe à la définition des choix stratégiques de la majorité politique et doit être en capacité d'arbitrer et réguler.

■ Il est l'interface entre élus et agents, il facilite la compréhension et la cohésion de la collectivité et veille au respect des droits et obligations des agents.

■ Le DGS « fait tourner la boutique » et donc assure un rôle de contrôle, de sécurité juridique et financière.

■ Le DGS est le **pivot entre sphère politique et administrative**, l'interface entre le projet politique et sa mise en œuvre administrative. Il donne du sens à l'action quotidienne des services, tout en étant à leur écoute.

2. Qu'est-ce que le principe de la hiérarchie des normes ?

■ La hiérarchie des normes correspond à un ordonnancement cohérent entre les règles de droit, les plus détaillées venant préciser les plus générales.

■ **Une norme ne peut méconnaître aucune de celles qui lui sont supérieures** : une décision administrative doit respecter les règlements qui lui sont supérieurs, les lois, les traités internationaux et la Constitution. La hiérarchie des normes juridiques s'ordonne par degrés, dans un ordre décroissant :

- le traité communautaire et textes dérivés ;
- les lois constitutionnelles ;
- les lois organiques (textes précisant certaines dispositions de la Constitution) ;
- les traités et accords internationaux ;
- les lois (lois référendaires, lois ordinaires, ordonnances prises par le gouvernement) ;
- les principes généraux du droit (principes dégagés et consacrés par le juge administratif). Ils sont très nombreux, notamment dans le domaine des droits et libertés (respect des droits de la défense, liberté du commerce et de l'industrie, égalité des citoyens dans l'accès aux services publics, la non-rétroactivité des actes administratifs, la continuité du service public, etc.) ;
- les règlements (actes pris par les autorités relevant du pouvoir exécutif, tels les décrets pris en Conseil des ministres et signés par le président de la République, les décrets en Conseil d'État, les décrets simples signés par le Premier ministre et les arrêtés pris par les ministres, les préfets et les maires).

3. Quels sont les différents types d'actes administratifs ?

- Un acte administratif est une décision, un acte juridique, émanant d'une autorité administrative qui produit des effets de droit.

- Il existe **deux grandes catégories** d'actes administratifs :

  – Les **actes administratifs unilatéraux** : ils produisent des effets de droit, des obligations pour les administrés qui doivent s'y conformer, à compter de leur publication ou notification. Ces actes s'imposent, sans que leur consentement soit requis. Les effets des actes sont perpétuels tant qu'ils ne sont pas retirés ou abrogés. Il existe deux types d'actes administratifs unilatéraux : les **actes réglementaires** (décrets, délibérations de l'organe délibérant, etc.) qui ont une portée impersonnelle et générale et les décisions individuelles qui concernent une ou plusieurs personnes nommément désignées et qui octroient ou refusent un avantage, un droit (permis de construire, arrêté de nomination).

  Ces actes doivent satisfaire un but d'intérêt général.

  – Les **contrats** : ils reposent sur l'accord écrit d'au moins deux volontés ; ils sont créateurs de droits et obligations réciproques pour chacun des cocontractants. Il y a des contrats administratifs qualifiés comme tels par la loi. En l'absence de qualification du contrat par la loi, un contrat sera considéré comme administratif, si **deux critères cumulatifs** sont présents : un des signataires du contrat est une personne publique (mais un contrat entre deux personnes privées peut être exceptionnellement qualifié d'administratif) ; le contrat comporte des clauses exorbitantes du droit commun (modification unilatérale ou résiliation du contrat dans l'intérêt du service) ou bien porte sur l'exécution d'une mission de service public. Voici des exemples de types de contrats : les **marchés publics**, les **délégations de service public**, les **marchés de partenariat**.

4. Que savez-vous du Conseil constitutionnel (CC) ?

■ Le Conseil constitutionnel a été institué par la Constitution de la Vᵉ République du 4 octobre 1958. C'est une juridiction dotée de compétences variées, notamment du contrôle de conformité de la loi à la Constitution.

■ **Sa composition/son fonctionnement :**

– Le CC est composé de neuf membres nommés pour neuf ans. Les membres sont désignés par le président de la République et le président de chacune des assemblées du Parlement (Sénat et Assemblée nationale).

– Le CC se renouvelle par tiers tous les trois ans. Le mandat de conseiller n'est pas renouvelable, les anciens présidents de la République sont membres de droit.

– Les membres sont soumis aux mêmes incompatibilités professionnelles que les parlementaires.

– Le CC ne siège et ne juge qu'en formation plénière. Ses décisions et avis sont rendus par sept conseillers au moins (règle du quorum). En cas de partage, la voix du président est prépondérante. La procédure est écrite et contradictoire.

– Le CC bénéficie de l'autonomie financière, sa dotation budgétaire étant inscrite dans le projet de loi de finances.

■ **Ses compétences/son rôle :**

– Le CC peut être saisi de la constitutionnalité d'une loi avant sa promulgation ou d'une question prioritaire de constitutionnalité ou est consulté pour rendre un avis.

– En tant que **juge de la constitutionnalité des lois**, le CC exerce :

• soit un **contrôle *a priori*** : le CC est obligatoirement saisi des lois organiques et des règlements des assemblées parlementaires, avant la promulgation des lois et l'entrée en vigueur des règlements. Pour les lois ordinaires, le CC peut être saisi soit par une autorité politique (président de la République, Premier ministre, présidents de l'Assemblée nationale ou du Sénat), soit par 60 députés ou 60 sénateurs au moins ;

• soit un **contrôle *a posteriori*** : notamment depuis le 1ᵉʳ mars 2010 pour une question prioritaire de constitutionnalité (QPC).

– Le CC **émet un avis** lorsqu'il est consulté par le président de la République sur la mise en œuvre de l'article 16 de la Constitution.

– Les décisions s'imposent aux pouvoirs publics et à toutes les autorités administratives et juridictionnelles. Elles ne sont susceptibles d'aucun recours.

5. Quel est le rôle du Conseil d'État ?

- Le Conseil d'État est la plus haute juridiction administrative en France.

- Le Conseil d'État exerce **deux missions historiques** : il est le conseiller du gouvernement pour la préparation des projets de loi, de décret ; il est aussi le juge administratif suprême qui tranche les litiges relatifs aux actes des administrations.

- **En tant que conseiller du gouvernement :**

  – Le Conseil d'État examine les **projets de loi et d'ordonnance**, avant que ceux-ci ne soient soumis au Conseil des ministres, ainsi que les projets de décret en Conseil d'État.

  – Il émet un avis sur la régularité juridique des textes (leur légalité), sur leur forme et sur leur opportunité administrative (leur cohérence avec d'autres textes juridiques).

  – Il peut aussi être consulté par le gouvernement sur toute question ou difficulté d'ordre juridique ou administratif.

  – Le Conseil d'État est également conseiller du Parlement sur les propositions de loi que ce dernier souhaite lui soumettre.

  – Le Conseil d'État adresse chaque année au président de la République un rapport public, qui énonce notamment les réformes d'ordre législatif, réglementaire ou administratif, qu'il propose au gouvernement.

- **En tant que juge administratif :**

  – Le Conseil d'État est le juge administratif suprême : il juge les litiges entre les particuliers et les personnes publiques. Il est le juge de cassation des arrêts des cours administratives d'appel et des juridictions administratives spécialisées ainsi que dans certaines matières des jugements des tribunaux administratifs.

  – Il juge en **premier et dernier ressort** les recours dirigés notamment contre les décrets, le contentieux des élections régionales et de l'élection des représentants français au Parlement européen. Il est compétent en appel pour les contentieux des élections municipales et cantonales.

  – Ainsi le Conseil d'État a fonction jurisprudentielle, **il unifie le droit administratif**.

  – Par sa double fonction, consultative et juridictionnelle, le Conseil d'État est un des rouages essentiels de l'État de droit.

  – Le Conseil d'État est également chargé, depuis 1990, d'assurer la gestion des tribunaux administratifs et des cours administratives d'appel, cette responsabilité incombant auparavant au ministère de l'Intérieur.

6. Qu'est-ce qu'un centre communal d'action sociale (CCAS) ?

■ Un CCAS est un établissement public administratif (EPA) géré par la commune. Toute commune, à partir de 1 500 habitants (cf. loi NOTRe), doit constituer un CCAS, c'est une obligation.

■ Il a pour mission de développer des actions en direction des aînés, des publics fragilisés et de tous citoyens résidant sur le territoire. Juridiquement, les CCAS mènent « une action générale de prévention et de développement social dans la commune » qui se décline entre des **prérogatives obligatoires** (aide sociale légale, RSA, domiciliation) et des **prérogatives extra-légales**, donc facultatives (activités sociales, aides individuelles et de secours financiers ponctuels, etc.).

■ Les activités proposées sont donc **très diverses** : information sociale, services d'aides à la personne, animation de foyers pour personnes âgées, aides pour personnes dépendantes, hébergement d'urgence, octroi de prêts temporaires, gestion de structures de la petite enfance, etc.

■ Un CCAS est doté de la personnalité juridique et peut donc agir en justice en son nom propre. Il dispose de son propre budget et de son propre personnel.

■ Le CCAS est géré par un **conseil d'administration** qui est composé : du maire qui en est le président de droit, de membres élus en son sein par le conseil municipal, de membres nommés par le maire parmi des personnes qualifiées (représentants des associations locales caritatives) qui ne sont pas membres du conseil municipal. Les membres élus et nommés sont **en nombre égal**. Le nombre de membres du conseil d'administration est fixé par délibération du conseil municipal sans minimum, mais avec **un maximum de 16 personnes**. Le conseil d'administration est donc renouvelé après chaque élection municipale.

7. Qu'est-ce qu'un établissement public administratif (EPA) ?

■ Un EPA est une **personne morale de droit public** disposant d'une certaine autonomie administrative et financière en vue de remplir une **mission d'intérêt général autre qu'industrielle et commerciale**. Il est sous le contrôle de la collectivité territoriale.

■ L'EPA s'oppose à l'établissement public à caractère industriel et commercial (**EPIC**), dont l'objet est de vendre ou produire des biens, de fournir une prestation de service, dont les ressources viennent principalement de redevances perçues sur les usagers du service, dont les modalités de fonctionnement sont proches de celles d'une entreprise privée.

■ Le personnel d'un EPA est composé d'agents publics (fonctionnaires et agents non titulaires), ses décisions sont des actes administratifs et les conflits relèvent de la justice administrative.

■ Ainsi, à titre d'exemple, relèvent de la catégorie des EPA, les caisses des écoles, les CCAS.

8. Que savez-vous du compte personnel d'activité (CPA) ?

■ **Depuis le 1er janvier 2017**, le compte personnel d'activité (CPA) est ouvert aux fonctionnaires et aux contractuels de la fonction publique. Dans la fonction publique, ce compte comprend deux éléments : le compte personnel de formation (**CPF**) et le compte d'engagement citoyen (**CEC**).

■ Le **compte personnel de formation** (CPF) **remplace le DIF** (droit individuel à la formation). Les heures qui étaient inscrites jusque-là au titre du DIF, au 31 décembre 2016, sont utilisables pour bénéficier de formations au titre du CPF. L'objectif du CPF est de renforcer l'autonomie et de faciliter l'évolution professionnelle.

Il permet d'acquérir des droits à formation à hauteur de **150 heures maximum** pour un agent à temps complet (avec le DIF, c'était 120 heures). Ce crédit d'heures est majoré pour les agents de catégorie C dépourvus de qualification (48 heures par an dans la limite de 400 heures).

■ Le CPF est utilisable à la demande de l'agent, avec l'accord de son employeur, et en priorité pendant le temps de travail ; tout refus de ce dernier doit être motivé. L'employeur ne peut refuser une demande de formation relevant du socle de connaissances et de compétences professionnelles. Le CPF peut aussi être utilisé pour préparer des concours/examens professionnels.

■ Quand l'agent change d'employeur, il conserve les droits acquis au titre du CPF.

9. Que savez-vous du service national universel ?

- **Ce dispositif poursuit les quatre objectifs suivants :**
  - accroître la cohésion nationale, en développant une culture de l'engagement ;
  - favoriser la mixité sociale et territoriale, de l'ensemble d'une classe d'âge ;
  - renforcer l'accompagnement des jeunes dans la construction de leurs parcours personnel et professionnel ;
  - valoriser les territoires.

- **Le « mode d'emploi » du dispositif :**

Sont concernés les jeunes âgés de 15 à 16 ans, soit 2 000 jeunes pour la première année 2019.

Démarrage, en phase de préfiguration, du 16 au 28 juin 2019, dans 13 départements, un par région métropolitaine et un département d'outre-mer.

Le SNU doit devenir obligatoire à terme et concerner l'ensemble d'une classe d'âge, soit environ **800 000 jeunes par an**.

Le SNU est effectué en dehors de son département de résidence.

Il est constitué d'un séjour de cohésion de deux semaines, en hébergement collectif (coût de 2 000 euros/jeune) ; puis réalisation d'une mission d'intérêt général de deux semaines, entre juillet 2019 et juin 2020.

10. Quelles sont les différentes instances du dialogue social ?

■ Jusqu'à juillet 2019, il existait **quatre instances du dialogue social** : le comité technique (CT), la commission administrative paritaire (CAP), la commission consultative paritaire (CCP), le comité d'hygiène, de sécurité et des conditions de travail (CHSCT).

■ Avec la loi du **18 juillet 2019 de transformation de la fonction publique**, les CT et CHSCT fusionnent en une instance unique, **le comité social**, afin d'avoir une vision intégrée des politiques de ressources humaines et des conditions de travail.

■ Le **comité social** est une instance consultative, obligatoire dans chaque collectivité d'au moins 50 agents (dans celles de moins de 50 agents, il est placé auprès du centre de gestion).

Il comprend des représentants du personnel et un représentant de l'autorité administrative assisté obligatoirement ou facultativement des responsables de certaines fonctions : direction des ressources humaines, etc.

Son mandat est de quatre ans et il doit se réunir au moins deux fois par an.

Il est **obligatoirement consulté** sur les questions collectives suivantes :

- l'organisation et le fonctionnement des services ;
- les évolutions des administrations ayant un impact sur les personnels ;
- les grandes orientations relatives aux effectifs, emplois et compétences ;
- les grandes orientations en matière de politique indemnitaire et de critères de répartition y afférents ;
- la formation, l'insertion et la promotion de l'égalité professionnelle ;
- les sujets d'ordre général intéressant l'hygiène, la sécurité et les conditions de travail ;
- les aides à la protection sociale complémentaire et à l'action sociale.

■ De plus, les **CAP** voient leur champ d'intervention restreint.

Les CAP traitent des **situations individuelles** des fonctionnaires, liées à leur carrière ; il y a une CAP par catégorie (A, B, C).

La loi de juillet 2019 prévoit la **suppression de l'avis préalable** des CAP sur les questions liées à l'avancement. Leur rôle est recentré sur les décisions individuelles défavorables à l'agent comme un licenciement pour inaptitude.

■ Les **CCP** (commission consultative paritaire) sont consultées pour les questions **d'ordre individuel** concernant les **contractuels** (licenciements pour inaptitude, sanctions disciplinaires autres que l'avertissement et le blâme, etc.). Les CCP sont régies par le décret du 23 décembre 2016.

11. Que savez-vous du RGPD ?

■ Le RGPD (règlement général de protection des données) est le **nouveau cadre juridique européen** de protection des données personnelles, applicable depuis le 25 mai 2018. Il concerne tous les organismes publics et privés et tous les secteurs d'activité. Il s'applique au traitement de données personnelles, automatisé en tout ou partie, voire non automatisé (support papier), contenues ou appelées à figurer dans un fichier.

■ Le RGPD **renforce les droits des citoyens :**

- le **droit à l'information des personnes** : les personnes doivent avoir une information claire, accessible sur les modalités de collecte et d'utilisation de leurs données via Internet ; elles doivent aussi être informées de la violation de leurs données personnelles ;
- le **droit à la limitation du traitement** (art. 18) ;
- le droit de s'opposer au profilage ;
- le droit de rectification (art. 16) ;
- le droit à la **portabilité des données** (art. 20) : possibilité de transmettre leurs données à un autre responsable de traitement ;
- le droit à **l'effacement numérique**, le « droit à l'oubli », pour des motifs limités, avec certaines dérogations (art. 17) ;
- la majorité numérique est fixée à 15 ans, afin de protéger les mineurs ;
- le droit à **l'action de groupe** : les citoyens peuvent se faire représenter par des associations dans le domaine de la protection des données pour exercer en leur nom une réclamation auprès de la CNIL, un recours juridictionnel en cas de manquement, de violation du RGPD.

■ Le RGPD **renforce les obligations des employeurs/administrations.**

L'objectif est de garantir une protection optimale des données personnelles.

Tout responsable de traitement de données personnelles doit se conformer à une procédure préconisée par la CNIL, se décomposant en **cinq étapes essentielles** :

- la 1re étape consiste à recenser précisément les traitements des données personnelles mis en œuvre ;
- la 2e étape vise à identifier les actions à mener pour être conforme aux obligations du RGPD et vérifier les mesures de sécurité mises en place ;
- la 3e étape est liée à la gestion des risques : pour chaque traitement de données personnelles, il faut faire une étude d'impact ;
- la 4e étape consiste à organiser les processus internes : prendre en compte la protection des données dès la conception d'une application, sensibiliser et informer les agents sur l'importance de la sécurisation des données personnelles ;
- la 5e étape consiste à documenter la conformité : tout responsable de traitement doit pouvoir prouver, à tout moment, la conformité aux exigences du RGPD.

12. Que savez-vous de la loi Elan du 24 novembre 2018 ?

■ La loi pour l'évolution du logement, de l'**aménagement et du numérique**, dite « loi Elan », a pour objectif principal de faciliter la construction de nouveaux logements et de protéger les plus fragiles.

■ Sa mesure la plus emblématique est liée à l'amélioration de **l'accès aux logements** : c'est la création d'un **bail mobilité**, destiné aux personnes en formation professionnelle, en études supérieures, en contrat d'apprentissage, en stage, etc.

■ Les autres mesures significatives sont les suivantes :
- 90 % des logements collectifs devront être évolutifs, c'est-à-dire adaptables à la perte d'autonomie et au vieillissement ;
- le Plan **Action cœur de ville** de l'État visant à dynamiser 222 centres-villes de certaines villes moyennes ; l'État mobilise **5 milliards d'euros** pour cette redynamisation de certains territoires (commerces, habitat, transports, développement du numérique, éducation, culture, etc.) ;
- le volet « habitat/rénovation » : Plan **Initiative copropriétés** pour rénover les copropriétés les plus dégradées ; la construction de 40 000 logements très sociaux par an, sur les cinq années à venir ;
- la dématérialisation de l'instruction des permis de construire pour les communes de plus de 3 500 habitants, d'ici 2022.

13. Quels sont les principaux axes de la loi de transformation de la fonction publique du 6 août 2019 ?

■ Le président de la République a fixé comme objectif une diminution du nombre de fonctionnaires de 120 000 d'ici à 2022, afin d'alléger la dépense publique.

D'où la loi du 6 août 2019 pour introduire plus de flexibilité dans les administrations et accompagner ces suppressions de postes.

■ La mesure phare est l'élargissement des possibilités de recourir aux contractuels pour les catégories B et C, par voie de CDI ou CDD, pour des emplois permanents. De plus, des contractuels pourront être recrutés sur des postes de direction. La loi facilite aussi le recours aux contractuels pour des emplois à temps partiel dans les communes de moins de 1 000 habitants.

Les contractuels recrutés en CDD de moins d'un an pourront percevoir une prime de précarité.

■ Les autres mesures importantes sont les suivantes :

- la création d'un **CDD dit « de projet »**, dont la durée maximale sera de six ans ;
- la création d'une procédure de **rupture conventionnelle** pour les agents publics souhaitant un départ volontaire ; cette procédure sera alignée sur celle existant dans le privé : possibilité de négocier son départ, prime de départ, allocations-chômage.

Ce dispositif sera pleinement appliqué pour les contractuels en CDI et expérimenté pendant cinq ans pour les fonctionnaires titulaires de 2020 à 2025.

14. Qu'est-ce que le label Diversité et égalité professionnelle ?

■ Initialement, **il y avait deux labels** : le **label Égalité professionnelle entre les femmes et les hommes**, créé en 2014 ; c'est un label d'État visant à promouvoir l'égalité et la mixité professionnelles entre les femmes et les hommes ; et le **label Diversité**, également label d'État, créé en 2008 ayant pour objectif de prévenir les discriminations, de promouvoir la diversité dans les secteurs public et privé, en matière de gestion des ressources humaines ; la diversité concerne tous les critères légaux tels que l'origine, le handicap ou l'âge.

■ Depuis janvier 2016, cette labellisation a évolué vers un cahier des charges commun qui permet de candidater simultanément à ces deux labels.

La durée de cette labellisation est **de quatre ans**.

15. Que sont les maisons de l'État ?

■ Les maisons de l'État ont été créées par la loi NOTRe (août 2015).

■ Les maisons de l'État regroupent des services de proximité de l'État et/ou d'opérateurs nationaux dans un lieu unique (généralement les sous-préfectures), permettant ainsi de rationaliser et de rendre plus visible la présence de l'État dans les territoires, notamment ruraux. Ces services y sont physiquement installés ou y tiennent des permanences.

En 2017, on recensait **77 maisons de l'État** existantes ou en cours de création dans 54 départements.

■ L'accès aux différents services publics de l'État est ainsi facilité pour les usagers, avec un gain de temps certain.

16. Quelles sont les sanctions disciplinaires applicables aux fonctionnaires ?

■ Toute faute commise par un fonctionnaire, dans l'exercice ou à l'occasion de l'exercice de ses fonctions, l'expose à une sanction disciplinaire sans préjudice, le cas échéant, des peines prévues par la loi pénale. Par ailleurs, des faits répréhensibles commis par l'agent dans le cadre de sa vie privée l'exposent également à l'engagement d'une procédure disciplinaire s'ils portent atteinte à l'image de marque de sa collectivité.

■ Il n'existe **aucune définition légale de la faute**, aussi appartient-il à l'autorité territoriale d'apprécier la gravité de la faute commise par l'agent et de proposer la sanction appropriée. Les sanctions doivent être **proportionnées aux faits reprochés** à l'agent.

■ Les sanctions disciplinaires sont définies à **l'article 89 de la loi du 26 janvier 1984** pour les fonctionnaires titulaires, à **l'article 6 du décret du 4 novembre 1992** pour les fonctionnaires stagiaires.

■ **Pour les fonctionnaires titulaires**

Les sanctions disciplinaires applicables **aux fonctionnaires titulaires** sont au nombre **de neuf, réparties en quatre groupes**. Seules les sanctions du 1er groupe ne nécessitent pas l'avis préalable du conseil de discipline.

– Sanctions du 1er groupe :

• l'**avertissement** : c'est une faute de faible gravité ; l'autorité hiérarchique met en garde, par voie écrite, l'agent afin qu'il ne reproduise plus les faits reprochés ;

• le **blâme** : c'est une observation présentant néanmoins un caractère plus grave que l'avertissement ; le blâme doit faire l'objet d'un arrêté et figure au dossier de l'agent pendant 3 ans ;

• l'**exclusion temporaire de fonctions pour une durée maximale de 3 jours** : le fonctionnaire est écarté du service, il est privé de toute rémunération pendant la durée correspondante (service non fait) : l'exclusion suspend les droits à l'avancement d'échelon et de grade.

– Sanctions du 2e groupe :

• la **radiation du tableau d'avancement** : cette sanction suppose que le fonctionnaire ait été inscrit au tableau d'avancement ; elle ne vaut que pour l'année pour laquelle le tableau a été établi. Elle prive l'agent d'une possibilité d'avancement, mais pas d'un avancement acquis. La radiation du tableau d'avancement peut être prononcée à titre de sanction complémentaire d'une des sanctions des 2e et 3e groupes.

• l'**abaissement d'échelon** : cette sanction fait perdre au fonctionnaire le bénéfice d'un avancement d'échelon acquis et entraîne une diminution corrélative de sa rémunération ; le fonctionnaire peut également perdre le bénéfice d'un avancement de grade, lorsque celui-ci est subordonné à l'obligation d'avoir atteint un échelon précis ;

• l'**exclusion temporaire de fonctions pour une durée de 4 à 15 jours** : elle produit les mêmes effets que l'exclusion temporaire de fonctions de 1 à 3 jours.

– Sanctions du 3e groupe :

• la **rétrogradation** : l'agent est placé dans un grade inférieur à celui qu'il détenait ; lors d'une rétrogradation, le fonctionnaire peut être reclassé au-delà du grade immédiatement inférieur ;

• l'**exclusion temporaire de fonctions pour une durée de 16 jours à 2 ans** : elle produit les mêmes effets que l'exclusion temporaire de fonctions de 1 à 3 jours.

– Sanctions du 4e groupe :

• la **mise à la retraite d'office** : cette sanction entraîne la radiation des cadres ; cette sanction ne peut être prononcée que si le fonctionnaire bénéficie de 15 années de services publics effectifs.

Si le fonctionnaire a atteint l'âge d'admission à la retraite, la pension est à jouissance immédiate.

Dans le cas contraire, les droits à pension étant conservés, l'agent bénéficiera de sa retraite à la date où il aura atteint l'âge d'admission ;

• la **révocation** : elle entraîne la radiation des cadres et la perte de la qualité de fonctionnaire. Si le fonctionnaire bénéficie d'au moins 15 années de services publics effectifs, le versement de sa pension s'effectuera à la date où il pourra y prétendre. Depuis l'entrée en vigueur de la **loi du 21 août 2003** portant réforme des retraites, il n'existe plus aucun cas de suspension de pension.

■ **Pour les fonctionnaires stagiaires**

Les sanctions disciplinaires sont au **nombre de cinq**, dont **deux** nécessitent l'avis du conseil de discipline :

– l'avertissement ;
– le blâme ;
– l'exclusion temporaire de fonctions d'une durée maximale de 3 jours ;
– l'exclusion temporaire de fonctions de 4 à 15 jours (conseil de discipline) ;
– l'exclusion définitive de service (conseil de discipline).

17. Quels sont les droits des fonctionnaires ?

■ Les droits des fonctionnaires peuvent être classés en **trois catégories principales**.

■ **Les droits des fonctionnaires en tant que citoyens :**

– La **liberté d'opinion ou de conscience,** expressément affirmée par la **loi du 13 juillet 1983** : aucune distinction ne peut être faite entre les fonctionnaires en raison de leurs opinions politiques, syndicales, philosophiques ou religieuses, de leur sexe, de leur état de santé, apparence physique, handicap ou de leur appartenance ethnique. Liberté d'adhérer au parti politique de son choix, d'adopter toute croyance, toute philosophie ou toute religion et en changer librement. Elle doit cependant se concilier avec l'obligation de neutralité des agents dans leur service.

– La **liberté d'expression** : c'est le pendant de la liberté d'opinion. Toutefois, à concilier avec l'obligation de réserve, le principe de neutralité et de laïcité du service public. Le fonctionnaire doit s'abstenir de manifester ses opinions dans l'exercice de ses fonctions.

■ **Les droits liés à l'exercice des fonctions :**

– Le **droit à la rémunération** : droit statutaire prévu par la **loi du 13 juillet 1983**. Après service fait, droit à une rémunération : le traitement, l'indemnité de résidence, SFT, primes, etc. Il est prolongé à la retraite par le versement d'une pension.

– Les **droits à congés et décharges de service** : congés annuels, de maladie, de maternité, congé parental, congé de formation professionnelle, pour VAE, pour formation syndicale.

– Le **droit à la protection fonctionnelle** : la collectivité doit protéger les fonctionnaires contre les menaces, violences, voies de fait, injures ou outrages, harcèlement moral – **loi de mars 2002** – dont ils peuvent être victimes dans l'exercice de leurs fonctions et de réparer, le cas échéant, le préjudice qui en résulte.

– Le **droit à la protection de la santé** : l'administration doit assurer au fonctionnaire des conditions d'hygiène et de sécurité de nature à préserver sa santé et son intégrité physique. Elle assure un suivi médical de ses agents.

– Le **droit d'alerte et de retrait (décret du 10 juin 1985** relatif à l'hygiène et à la sécurité du travail ainsi qu'à la médecine professionnelle et préventive dans la fonction publique territoriale). Tout agent peut suspendre son activité s'il a un motif raisonnable de penser que sa situation de travail présente un danger grave et imminent pour sa vie ou pour sa santé.

– Le **droit à l'accès à son dossier individuel** : le dossier du fonctionnaire doit comporter toutes les pièces intéressant sa situation administrative. Interdiction d'y faire état des opinions ou des activités politiques, syndicales, religieuses ou philosophiques de l'agent.

– Le **droit à la formation professionnelle** : droit reconnu par la **loi du 13 juillet 1983**. Avec la loi du 2 février 2007 sur la modernisation de la fonction publique est affirmé le droit individuel à la formation.

- **Les droits sociaux des fonctionnaires :**

– Le **droit syndical** : droit statutaire prévu par la **loi du 13 juillet 1983.** Il est possible de créer des organisations syndicales, y adhérer et y exercer des mandats.

– Le **droit de grève** : droit statutaire prévu par la **loi du 13 juillet 1983**. Il est à concilier avec le principe de continuité du service public. D'où l'application du trentième divisible, qui entraîne une retenue journalière égale au trentième du traitement mensuel pour toute grève d'une durée inférieure à une journée ; d'où également l'instauration d'un service minimum dans les hôpitaux, les écoles. Il n'y a pas de service minimum dans la FPT. Certains fonctionnaires en sont privés (policiers, militaires, etc.).

– Le **droit de participation** : droit statutaire prévu par **la loi de juillet 1983**. Par l'intermédiaire de délégués, possibilité de participer à l'organisation des services publics, à l'élaboration des règles statutaires, et à l'examen des décisions individuelles concernant leur carrière (ex. : CAP, CT, CHSCT).

18. Quelles sont les obligations des fonctionnaires ?

■ Les obligations que doivent respecter les fonctionnaires sont plus nombreuses que celles qui s'imposent aux salariés du secteur privé. Ces sujétions sont liées au fait que les fonctionnaires sont au service de l'intérêt général.

Deux grandes catégories d'obligations s'imposent aux fonctionnaires, conformément à la **loi du 13 juillet 1983 :** les obligations professionnelles et les obligations morales.

■ **Les obligations professionnelles :**

– L'**obligation de service** : le fonctionnaire doit exécuter les tâches qui lui sont confiées à l'occasion du service. Il est donc astreint à une obligation de présence pour la durée légale du travail et doit assurer la continuité du service.

– L'**interdiction de cumul** : le fonctionnaire doit consacrer l'intégralité de son activité professionnelle aux tâches qui lui sont confiées. Mais suite à la réforme en 2007, il est possible d'exercer, à titre accessoire, une activité lucrative ou non, auprès d'une personne publique ou privée, dès lors que cette activité est compatible avec les fonctions confiées et ne porte pas atteinte au bon fonctionnement du service.

– L'**obligation d'information du public** : le fonctionnaire doit satisfaire aux demandes d'information du public. Cette obligation s'exerce dans le respect des règles relatives au secret professionnel, à l'accès aux documents.

– L'**obligation de formation** (réforme de la formation, **loi de 2007**) : le fonctionnaire a le devoir de s'adapter au service public et de mettre ses connaissances à jour régulièrement. Le manquement à cette obligation constitue une faute.

– Le **devoir d'obéissance hiérarchique** : le fonctionnaire doit obéir aux ordres donnés par son supérieur hiérarchique, sauf dans le cas où l'ordre donné est manifestement illégal et de nature à compromettre gravement l'intérêt public.

■ **Les obligations liées à la morale professionnelle :**

– La **discrétion professionnelle** : le fonctionnaire ne doit communiquer aucune information, aucun document ou fait dont il a pris connaissance en raison de ses fonctions et ayant trait au service. Ce sont les informations de l'administration qui sont protégées. Contrairement à l'obligation de secret, tout manquement à l'obligation de discrétion n'est pas pénalement sanctionné. Cependant, en cas de non-respect de cette obligation, l'agent est passible de sanctions disciplinaires.

– Le **secret professionnel** : le fonctionnaire ne doit pas révéler les secrets qui lui ont été confiés dans le cadre de son métier, sauf en cas d'obligation légale. Le secret professionnel a pour but la protection des usagers. Il concerne uniquement certains métiers. Il est régi par les dispositions du Code pénal. Certains fonctionnaires (défense, médical, social, etc.) peuvent avoir connaissance de faits ou de projets qui exigent un secret absolu de leur part. Toutefois, un agent qui a connaissance dans l'exercice de ses fonctions d'un crime ou d'un délit doit en informer le procureur de la République qui peut exiger son témoignage sur des faits couverts par le secret.

– L'**obligation de réserve** : le principe de neutralité du service public interdit au fonctionnaire de faire de sa fonction l'instrument d'une propagande quelconque. La réserve impose au fonctionnaire d'éviter en toutes circonstances des comportements portant atteinte à la considération du service public par les usagers. Le fonctionnaire ne doit pas exprimer ses opinions personnelles à l'intérieur ou à l'extérieur du service, dès lors que ses propos entravent le fonctionnement du service ou portent atteinte à la considération du service public par les usagers. Cette obligation de réserve s'applique également aux comportements. Mais les fonctionnaires investis d'un mandat politique ou de responsabilités syndicales disposent d'une plus grande liberté d'expression.

– L'**obligation de désintéressement** : le fonctionnaire ne peut prendre, sauf dérogation, par lui-même ou par personne interposée, dans une entreprise soumise au contrôle de l'administration à laquelle il appartient ou avec laquelle il est en relation, des intérêts de nature à compromettre son indépendance. Les manquements à cette obligation peuvent entraîner des sanctions pénales : la corruption passive, le trafic d'influence, la soustraction ou le détournement de biens.

■ La loi relative à la déontologie et aux droits et obligations des fonctionnaires du 2 avril 2016, dite « **loi déontologie** » a renforcé certaines obligations et prévu de nouveaux droits :

– Elle **renforce certaines valeurs et obligations** : devoir d'exercer ses fonctions avec impartialité, probité, dignité et intégrité ; obligation de neutralité, respect de la laïcité. Mais le **devoir de réserve n'est pas explicitement inscrit** dans la loi. Toutefois, le devoir de réserve est un principe jurisprudentiel, constituant une obligation consubstantielle à tout emploi public.

– Afin de prévenir les conflits d'intérêts, tout agent public qui, dans l'exercice de ses fonctions, est potentiellement exposé à des conflits d'intérêts doit désormais remplir une **déclaration exhaustive de ses intérêts** avant d'être nommé à un poste à responsabilité ; cette déclaration sera intégrée dans le dossier individuel de l'agent et soumise à des garanties de confidentialité.

– Tout fonctionnaire a désormais le droit d'être accompagné d'un **référent déontologue** chargé de l'aider à respecter ses obligations déontologiques en lui donnant des conseils.

– Elle **renforce la protection des lanceurs d'alerte**. La protection des lanceurs d'alerte concerne non seulement la dénonciation des crimes et délits, mais aussi des conflits d'intérêts. L'agent public ne peut pas être sanctionné pour avoir dénoncé de bonne foi un conflit d'intérêts. En outre, aucune mesure qui viendrait freiner sa carrière ne peut être prise contre lui.

– Elle **allonge la durée de validité de la liste d'aptitude à quatre ans**.

– Le plan de titularisation des contractuels mis en place en 2010 a pris fin en **2018**.

– Le dispositif actuel sur le **cumul d'activités** est modifié. Un agent voulant créer une entreprise doit désormais solliciter un temps partiel, avec la possibilité de réaliser des « activités accessoires » (comme les services à la personne) et monter une micro-entreprise.

19. Qu'est-ce que l'assistant/le conseiller de prévention ?

■ L'assistant ou le conseiller de prévention est la nouvelle dénomination de l'ACMO.

■ Toute collectivité ou tout établissement public a obligation de désigner un agent ou des agents chargé(s) d'assurer, sous leur responsabilité, la mise en œuvre des règles d'hygiène et de sécurité (**loi 26 janvier 1984**). Ces agents sont **dénommés assistants ou conseillers de prévention**. L'assistant ou le conseiller de prévention constitue le niveau de proximité du réseau des agents de prévention. Le conseiller de prévention assure une mission de coordination ; il est institué lorsque l'importance des risques professionnels ou des effectifs le justifie.

■ Cette obligation est généralement confiée à un ou des agents nommés en interne.

■ La mission de l'assistant ou du conseiller de prévention est d'assister et de conseiller l'autorité territoriale dans la démarche d'évaluation des risques et dans la mise en place d'une politique de prévention des risques ainsi que dans la mise en œuvre des règles de sécurité et d'hygiène au travail visant à :

- prévenir les dangers susceptibles de compromettre la sécurité ou la santé des agents ;
- améliorer les méthodes et le milieu du travail en adaptant les conditions de travail en fonction de l'aptitude physique des agents ;
- faire progresser la connaissance des problèmes de sécurité et des techniques propres à les résoudre ;
- veiller à l'observation des prescriptions législatives et réglementaires prises en ces matières et à la bonne tenue du registre de santé et de sécurité au travail dans tous les services.

■ Le rôle de l'assistant ou du conseiller de prévention n'est pas d'exercer une mission de contrôle ou de surveillance concernant l'application des consignes de travail. Il n'a pas non plus pour attribution d'assurer la mise en œuvre des règles d'hygiène et de sécurité qui **relève de la responsabilité de l'encadrement**.

■ Pour mener à bien sa mission, l'assistant ou le conseiller de prévention bénéficie d'une formation préalable à sa prise de fonction de trois jours organisée par un organisme habilité. Il doit ensuite suivre chaque année une formation continue, de deux jours la deuxième année, puis d'un jour les années suivantes.

20. Quels sont les différents modes de recrutement dans la fonction publique territoriale ?

■ Le principe d'égale admissibilité est posé par **l'article 6 de la Déclaration des droits de l'homme et du citoyen du 26 août 1789**. Tous les citoyens « sont également admissibles à toutes dignités, toutes places et tous emplois publics selon leur capacité et sans autre distinction que celle de leurs vertus et de leurs talents ».

■ **Le concours** est le principal mode de recrutement dans la fonction publique territoriale, c'est **la règle de droit commun**. Le concours permet de garantir le principe d'égalité d'accès aux emplois publics, qui figure dans la Constitution.
Cependant, la réussite préalable à un concours est nécessaire mais non suffisante pour être recruté à un poste créé par la collectivité. Les candidats admis au concours sont classés sur une liste d'aptitude, par ordre alphabétique. La validité de la liste cesse à l'issue d'un **délai de trois ans**.

■ Le **recours aux non-titulaires** n'est possible qu'à **titre dérogatoire**, dans les conditions prévues par **la loi du 26 janvier 1984, à savoir** :

- des **contractuels**, pour trois ans maximum, quand il n'existe pas de cadre d'emplois susceptibles d'assurer les fonctions recherchées ou lorsque la nature des activités ou les besoins de service le justifient ;
- pour des **emplois saisonniers ou occasionnels** pour six mois maximum, en vue de faire face à des besoins exceptionnels, limités dans le temps ;
- des **agents temporaires ou intérimaires** pour remplacer des fonctionnaires momentanément indisponibles ;
- les **emplois de « cabinet »** et certains **emplois fonctionnels de direction** dans les grandes collectivités (régions, départements, villes de plus de 80 000 habitants).

■ Les collectivités territoriales peuvent également recruter des agents qui possèdent déjà la qualité de fonctionnaire. Il s'agit du recrutement par **voie de mutation** lorsqu'une collectivité territoriale recrute un fonctionnaire ayant déjà la qualité de fonctionnaire territorial. Il s'agit également du recrutement par **voie de détachement** lorsqu'une collectivité territoriale recrute un fonctionnaire ayant déjà la qualité de fonctionnaire de l'État ou de fonctionnaire hospitalier. Ces deux modes de recrutement constituent les **voies de la mobilité**.

21. Qu'est-ce que le document unique d'évaluation des risques professionnels (DUERP) ?

■ Le **décret du 10 juin 1985** modifié relatif à l'hygiène et la sécurité du travail ainsi qu'à la médecine préventive pose un principe général : « l'autorité territoriale est chargée de veiller à la sécurité et à la protection de la santé des agents placés sous son autorité ». Les enjeux en découlant sont nombreux :

- **enjeu humain** : préservation de la santé, bien-être au travail, reconnaissance dans le travail ;
- **enjeu économique** : limitation des coûts liés à l'absentéisme, meilleur service rendu ;
- **enjeu juridique** : limitation de l'engagement de la responsabilité de l'employeur et de la hiérarchie.

■ Le document unique d'évaluation des risques professionnels **(DUERP)** a été instauré par le **décret du 5 novembre 2001**. Il est réalisé et mis à jour annuellement par l'autorité territoriale ; il répertorie l'ensemble des risques professionnels (dont les RPS) auxquels sont exposés les agents, afin d'**organiser la prévention** au sein du programme annuel de prévention.

■ L'autorité territoriale doit transcrire dans un **document unique**, les résultats de l'évaluation des risques à laquelle elle a procédé, dans le cadre de son obligation générale de prévention des risques professionnels.

■ Le DUERP doit comporter un inventaire des risques identifiés dans chaque unité de travail. Pour ce faire, l'employeur peut s'appuyer sur différentes sources d'information disponibles dans l'entreprise : analyse des risques réalisée par le CHSCT, liste des postes de travail à risques particuliers, etc.

■ Le DUERP est tenu à la disposition des agents, du CHSCT, des représentants des personnels, du médecin du travail.

■ Le DUERP doit répondre à **trois exigences** :

- la **cohérence** : les données issues de l'analyse des risques professionnels auxquels sont exposés les agents doivent être regroupées dans un même support écrit ou numérique ;
- la **lisibilité** : le DUERP, en rassemblant les résultats des différentes analyses des risques, doit faciliter le suivi de la démarche de prévention dans la collectivité ;
- la **traçabilité** de l'évaluation des risques, garantie par un report systématique de ses résultats.

■ Le défaut d'élaboration du DUERP et l'absence de mise à jour sont pénalement sanctionnés.

22. Qu'est-ce que l'ACFI ?

■ L'agent chargé d'une fonction d'inspection (ACFI) a un rôle de **contrôle des conditions d'application des règles d'hygiène et de sécurité**.

■ Il propose à l'autorité territoriale toute mesure lui paraissant de nature à améliorer l'hygiène et la sécurité du travail et la prévention des risques professionnels. L'autorité territoriale le consulte sur les règlements et consignes qu'elle envisage d'adopter en matière d'hygiène et de sécurité.

■ En cas d'urgence, il propose à l'autorité territoriale les mesures immédiates qu'il juge nécessaires. L'autorité territoriale l'informe des suites données à leurs propositions.

■ Il intervient au cours de la procédure mise en œuvre en cas de danger grave et imminent, définie à l'**article 5 du décret du 10 juin 1985**.

■ Le décret du 10 juin 1985 apporte également des précisions quant aux conditions d'intervention des ACFI :

- l'efficacité du travail de vérification des conditions d'hygiène et de sécurité nécessite qu'une complète liberté d'accès aux locaux soit garantie à ces agents ;
- de façon générale, afin de prévenir d'éventuels conflits et de clarifier les conditions d'exercice du travail de l'ACFI, ces dernières sont précisées dans une lettre de mission établie par l'autorité territoriale. Dans le cas d'un agent mis à disposition par le centre de gestion, la lettre de mission est établie sur la base de la convention passée avec le centre de gestion. Cette lettre de mission est transmise au CHSCT ou au CT.

23. Qu'est-ce que le CNFPT ?

■ Le Centre national de la fonction publique territoriale (CNFPT) est un établissement public français à caractère administratif (EPA).

■ C'est un établissement public national, dont la compétence s'étend sur l'ensemble du territoire national (sauf Paris et certaines collectivités d'outre-mer).

■ Le CNFPT est régi par le **décret du 5 octobre 1987**.

■ Le CNFPT est géré par un conseil d'administration paritaire, composé de 34 membres, 17 élus locaux et 17 représentants des fonctionnaires territoriaux désignés par les syndicats. Le CNFPT possède 29 délégations régionales.

■ Le CNFPT est principalement financé par les collectivités territoriales qui paient une cotisation, au titre de chaque fonctionnaire employé ; ceci représente **1 % de leur masse salariale**.

■ Le CNFPT exerce **trois missions principales** :

– la gestion de la formation professionnelle des agents de la FPT et donc l'élaboration des grandes orientations de la politique de formation ; publication d'un catalogue annuel des formations proposées ;
– l'organisation de certains concours/examens professionnels de catégories A et A+ de la FPT ; il prépare également les fonctionnaires qui le souhaitent aux concours internes et externes de la fonction publique afin de faciliter la promotion professionnelle ;
– une mission de conseil et prospective, notamment au travers de l'Observatoire de l'emploi, des métiers et des compétences, en vue de suivre et anticiper les évolutions de la fonction publique territoriale liées, entre autres, aux différentes réformes de l'organisation territoriale.

24. Quelles élections ont eu lieu en 2019 et en 2020 ?

■ **En 2019,** ont eu lieu les élections européennes, entre le 23 et le 26 mai, selon les pays de l'UE ; en France, elles se sont déroulées le 26 mai.

Suite à la décision du Royaume-Uni de se retirer de l'Union européenne (Brexit), le nombre de sièges au Parlement européen passe de 751 **à 705**.

■ En 2018, le mode de scrutin a été réformé : on est passé de huit circonscriptions à **une circonscription** (une liste nationale, pour tout le territoire français).

■ Les élections européennes ont eu lieu au **suffrage universel direct à un tour ;** les candidats sont élus selon les règles de la proportionnelle à la plus forte moyenne. Leur mandat est de **cinq ans**.

Les sièges sont répartis entre les listes **réunissant plus de 5 % des suffrages exprimés**. Le nombre de sièges pour chaque liste est ensuite proportionnel à son nombre de voix. Les sièges sont attribués en fonction de l'ordre de présentation des candidats sur chaque liste.

■ En France, il convenait d'élire **79 députés ;** en raison du Brexit, ce nombre a légèrement augmenté par rapport à 2014 (74 sièges à l'époque).

■ **En 2020**, se sont déroulées les élections municipales. Le 1er tour a eu lieu le 15 mars. L'élection a été acquise dans plus de 30 000 communes. En raison de la crise sanitaire, le 2e tour s'est déroulé le 28 juin.

■ En 2020, ont également eu lieu les élections sénatoriales (renouvellement de près de la moitié des sièges), le 27 septembre.

25. Qu'est-ce qu'un cadre d'emplois ?

■ Conformément à la **loi du 13 juillet 1987**, « un cadre d'emplois regroupe les fonctionnaires soumis au même statut particulier, titulaires d'un grade leur donnant vocation à occuper un ensemble d'emplois. Chaque titulaire d'un grade a vocation à occuper certains des emplois correspondant à ce grade. Le cadre d'emplois peut regrouper plusieurs grades ».

■ Chaque cadre d'emplois regroupe des agents dont les emplois ont des caractéristiques professionnelles très proches et qui ont vocation à accomplir la même carrière. Les règles spécifiques sont fixées par le statut particulier de chaque cadre d'emplois. Le cadre d'emplois définit le niveau hiérarchique, les missions dévolues à l'agent, il prévoit les procédures de recrutement et de déroulement des carrières. Le cadre d'emplois comporte généralement trois grades qui diffèrent par le niveau de recrutement, de formation et de rémunération. Le grade comprend des échelons assortis d'un indice de rémunération et d'une durée d'avancement. Chaque cadre d'emplois est rattaché à l'une des trois catégories A, B et C.
Tous ces éléments **définissent la carrière d'un fonctionnaire**.

■ Les cadres d'emplois d'une même famille sont **regroupés dans 8 filières métier** : administrative, technique, culturelle, sportive, animation, médico-sociale, police municipale, sapeurs-pompiers professionnels.

■ Il existe 53 cadres d'emplois.

26. Que savez-vous des maisons « France Services » (MFP) ?

■ Une circulaire du 1er juillet 2019 fixe les conditions de mise en œuvre des maisons « France Services ».

■ Il s'agit d'une **« refonte » des maisons de services au public** (MSAP), créées lors du précédent quinquennat.

L'offre de services doit être plus accessible, avec notamment des services publics itinérants : les bus France Services.

La qualité de service doit être améliorée avec la mise en place d'un plan de formation d'agents d'accueil polyvalents et d'un panier de services homogène.

■ Il est prévu une maison « France Services » par canton, soit au total **2 000 MFP** d'ici la fin du quinquennat.

■ Chaque MFP devra proposer « **un socle de services commun** », avec au moins deux agents polyvalents présents en permanence, formés avec le concours du CNFPT.

L'État pourra mettre à disposition un agent (de préfecture, de sous-préfecture ou de trésorerie). Tous les partenaires (Pôle emploi, CNAMTS, CNAV, CNAF, CCMSA, Poste, GRDF, etc.) devront être **« impérativement présents »**, à travers des référents locaux facilement joignables, pouvant aussi assurer des permanences physiques et organiser des rendez-vous en visioconférence ; chaque MFP devra être équipée d'un dispositif de visioconférence d'ici à 2022.

■ Les préfets doivent aussi développer les « **bus France Services** » dans chaque département. De plus, la Poste va créer **250 équipes de « facteurs mobiles »** qui se déplaceront chez les particuliers afin de les accompagner gratuitement dans leurs démarches administratives.

27. Que savez-vous du Plan mercredi ?

■ Le Plan mercredi est un dispositif initié par le ministre de l'Éducation nationale, Jean-Michel Blanquer, suite au décret de juin 2017, donnant la possibilité aux communes de déroger à la semaine scolaire de 4,5 jours et de revenir à la semaine de quatre jours ; à la rentrée scolaire 2018-2019, 87 % des communes avaient opté pour un retour à la semaine de quatre jours.

■ Le Plan mercredi vise à développer une offre éducative périscolaire de qualité, diversifiée, durant les accueils du mercredi, pour les enfants de 3 à 11 ans. Les principaux objectifs du Plan mercredi sont de :

- renforcer la qualité des offres périscolaires ;
- promouvoir le caractère éducatif des activités du mercredi ;
- favoriser l'accès à la culture et au sport ;
- réduire les fractures sociales et territoriales en mobilisant l'ensemble des ressources et des équipements locaux.

Cette offre éducative doit répondre à la charte qualité Plan mercredi et être intégrée dans un projet éducatif territorial.

■ Ainsi, la commune (ou l'EPCI) doit signer **deux conventions** étroitement liées :

- la convention de projet éducatif territorial (PEDT) ;
- une convention Plan mercredi (qui est un volet du PEDT).

Ces deux conventions sont conclues entre la collectivité locale, les services de l'État et la CAF.

■ La convention Plan mercredi doit intégrer, en annexe, une **charte qualité** respectant **quatre principes :**

- articulation des activités périscolaires avec les enseignements ;
- accessibilité et inclusion de tous les enfants (notamment ceux en situation de handicap) ;
- ancrage du projet dans le territoire ;
- qualité des activités.

■ Le Plan mercredi **fédère tous les acteurs du territoire** : associations culturelles, sportives, établissements culturels (bibliothèques, musées, conservatoires, etc.), fédérations d'éducation populaire, sites naturels (parcs, jardins, fermes pédagogiques), etc.

■ Un décret de juillet 2018 a fixé les taux d'encadrement, dans le cadre du Plan mercredi :

- pour les enfants de **maternelle**, au minimum un animateur pour 10 enfants pour un accueil de loisirs de plus de cinq heures consécutives et un animateur pour 14 enfants pour un accueil de loisirs de moins de cinq heures consécutives ;
- pour les enfants en élémentaire, respectivement un animateur pour 14 enfants et un animateur pour 18 enfants.

■ La convention d'objectifs et de gestion liant la Caisse nationale d'allocations familiales (Cnaf) et l'État 2018-2022 prévoit un appui financier à la mise en œuvre du Plan mercredi, correspondant à 1 euro/heure/enfant.

28. Que savez-vous du service civique ?

■ Le service civique a été mis en place dans le cadre de la **loi du 10 mars 2010** avec pour objet de renforcer la cohésion sociale et la mixité sociale. C'est un engagement volontaire au service des autres et de la collectivité, pour une période déterminée, de **6 à 12 mois**, en effectuant une mission d'intérêt général. C'est un levier essentiel de citoyenneté.

■ Il s'adresse aux jeunes de 16 à 25 ans (jusqu'à 30 ans pour les jeunes en situation de handicap), résidant légalement en France depuis au moins un an ; aucune condition de diplôme n'est exigée ; le temps de travail est au minimum de 24 heures et d'un maximum de 35 heures/semaine pour un mineur et de 48 heures/semaine pour un majeur ; il peut s'effectuer en France ou à l'étranger.

■ Cet engagement fait l'objet d'une **indemnité de 580 euros nets mensuels**, incluant une protection sociale intégrale, avec une majoration de 108 euros nets pour les allocataires de minima sociaux. L'État verse les trois quarts de cette rémunération, le reste incombant à l'organisme d'accueil.

■ Les structures susceptibles d'accueillir les jeunes doivent être agréées : associations, fondations sans but lucratif agréées par l'État, organisations non gouvernementales (ONG), hôpitaux, collectivités territoriales/EPCI, mutuelles, etc.

Elles doivent proposer des missions d'intérêt général relevant de **neuf grandes thématiques** : l'éducation, l'environnement, l'humanitaire/développement international, la culture et les loisirs, la santé, les sports, la solidarité, la mémoire et la citoyenneté, interventions d'urgence.

Les actions à caractère politique ou religieux en sont exclues.

Le jeune doit être accompagné d'un **tuteur** dans l'exercice de sa mission de service civique. Il bénéficie d'une **formation civique et citoyenne**.

29. Que savez-vous du Plan national pour un numérique inclusif ?

■ 13 millions de Français déclarent ne pas savoir utiliser le numérique et 6 millions naviguent difficilement.

■ L'objectif de dématérialiser 100 % des démarches administratives « simples » d'ici 2022 a amené le Gouvernement à lancer, à l'automne 2018, un plan national d'action pour une société numérique et humaine. Il s'agit d'accompagner et former 1,5 million de personnes par an au numérique, en mobilisant un investissement sur plusieurs années de 100 millions d'euros, notamment de l'État et de la Banque des Territoires.

■ Les **dispositifs de cette stratégie** sont les suivants :

– la mise en réseau des acteurs locaux pour structurer des lieux de médiation numérique : les hubs France Connectée, avec un soutien financier de 5 millions d'euros en 2019-2020 ;

– l'appui aux aidants numériques avec l'expérimentation de l'outil France Connect Aidants, notamment ceux « faisant à la place de » : connexion sécurisée pour l'aidant et l'usager dans la réalisation de démarches en ligne ;

– le lancement du **Pass numérique**, financé à hauteur de 10 millions d'euros par l'État et de 40 millions par les entreprises privées et les collectivités ; il s'agit de coupons-papiers d'une valeur de 50 à 100 euros remis par les aidants aux personnes en difficulté, pour qu'elles puissent bénéficier, dans des lieux labellisés, de cinq à 10 ateliers de formation (soit 10 à 20 heures de formation) pour devenir autonomes numériquement, aux usages de base : se connecter, utiliser un login un mot de passe, etc. ;

– la création de deux plateformes « ressources » à destination des collectivités et des aidants, boîtes à outils pour mobiliser les acteurs de la médiation numérique et pour accompagner les publics ;

– la labellisation de territoires pilotes pour l'inclusion numérique.

30. Qu'est-ce que la précarité énergétique ?

■ La notion de précarité énergétique est apparue dans les années 1990, en Grande-Bretagne et a été reprise en France par la loi du 31 mai 1990 : « **est en situation de précarité énergétique une personne qui éprouve dans son logement des difficultés particulières à disposer de la fourniture d'énergie nécessaire à la satisfaction de ses besoins élémentaires en raison de l'inadaptation de ses ressources ou de ses conditions d'habitat** ». Cette définition est ciblée sur l'habitat et elle est devenue officielle avec la loi Grenelle II du 12 juillet 2010.

■ Dans son dernier rapport, publié en novembre 2018, l'Observatoire national de la précarité énergétique (ONPE) indique qu'en 2017, près de **7 millions de Français**, soit près de 12 % des ménages, dépensaient plus de 8 % de leurs revenus dans l'énergie du logement (auparavant le seuil de précarité était fixé à 10 % des revenus). La précarité énergétique concerne **20 % des ménages** quand on prend globalement en compte les ménages qui dépensent trop, ceux qui ont froid et ceux ayant un reste à vivre trop bas.

■ La précarité énergétique a plusieurs **conséquences** :

- des conséquences **économiques** : arbitrage entre le paiement des factures trop élevées d'énergie et les autres postes de dépenses (alimentation, habillement, etc.) aboutissant à des situations de surendettement ;
- des conséquences **sanitaires** : l'inconfort thermique, l'humidité et la présence de moisissures et la mauvaise qualité de l'air engendrent de nombreux problèmes : hypertension, infections respiratoires, bronchites aiguës, crises d'asthme, accidents cardio-vasculaires, augmentation des comportements à risque (alcool, délinquance) chez les adolescents, troubles mentaux.

■ Pour lutter contre la précarité énergétique, la **loi pour la transition énergétique et la croissance verte** du 22 juillet 2015 a prévu une mesure phare, le **chèque énergie**. Ce dispositif, à durée limitée, poursuit **trois objectifs** :

- faciliter l'accès du plus grand nombre de ménages à l'énergie ;
- avoir une aide pour payer les factures d'énergie quel que soit le moyen de chauffage ;
- simplifier l'aide apportée aux ménages ayant des revenus modestes (selon un critère fiscal unique).

Le chèque énergie remplace les tarifs sociaux existant antérieurement. Il peut être utilisé pour le paiement des factures d'énergie (électricité, gaz, fioul, bois, etc.) ou des dépenses liées à des travaux de rénovation énergétique de l'habitat.

En 2019, le montant moyen du chèque énergie est de **200 euros** et bénéficie à 5,8 millions de personnes.

31. Quelles sont les grandes lignes de la loi ALUR ?

■ La **loi ALUR** (pour l'Accès au Logement et un Urbanisme Rénové) a été promulguée le **24 mars 2014**. C'est une loi « volumineuse », composée de 177 articles, répartis en 4 titres :

- Titre I : Favoriser l'accès de tous à un logement digne et abordable
- Titre II : Lutter contre l'habitat indigne et les copropriétés dégradées
- Titre III : Améliorer la lisibilité et l'efficacité des politiques publiques du logement
- Titre IV : Moderniser les documents de planification et d'urbanisme

Cette loi est dans la continuité de la **loi ENE du 12 juillet 2010** (Engagement National pour l'Environnement), elle poursuit la lutte contre l'étalement urbain, notamment en renforçant le rôle des schémas de cohérence territoriale et des plans locaux de l'urbanisme à l'échelon intercommunal.

■ Les principales mesures sont les suivantes :

– **Volet « Logement »**

- construire 500 000 logements/an, dont 150 000 logements sociaux ;
- encadrer les loyers dans certaines zones de tension pour lutter contre l'incompatibilité entre les niveaux de loyers et les revenus des ménages ;
- instaurer une garantie universelle des loyers, pour protéger les propriétaires contre les risques d'impayés et prévenir les expulsions ;
- lutter contre l'habitat indigne et les copropriétés dégradées ;
- introduire plus de transparence dans les procédures d'attribution de logements sociaux ;
- renforcer l'échelon intercommunal en matière de logement : transfert des polices de l'habitat du maire au président de l'EPCI ;
- encourager l'habitat participatif : création de deux statuts juridiques possibles, les coopératives d'habitants et les sociétés d'attribution et d'autopromotion.

– **Volet « Urbanisme »**

- renforcer le rôle stratégique du SCOT, en tant que document central de la planification urbaine ; le SCOT devient l'unique document intégrant les documents de rang supérieur (SRCE, SDAGE, etc.) ;
- généraliser les plans locaux d'urbanisme intercommunaux (PLUi) ; la loi ALUR instaure le transfert automatique de la compétence PLU aux intercommunalités et ce, dans un **délai de trois ans** après la promulgation de la loi ;
- supprimer les POS : en l'absence de transformation en PLU au 31 décembre 2015, le POS devient caduc sauf si la révision est engagée avant cette date et que le PLU est approuvé avant le 26 mars 2017 ;
- promouvoir la densification urbaine : ainsi, la taille minimale de terrain et du coefficient d'occupation des sols est supprimée ;
- renforcer l'ingénierie foncière en s'appuyant sur les établissements publics fonciers (EPF) ;
- moderniser et sécuriser le droit de préemption ;
- renforcer les outils de l'urbanisme opérationnel : création du projet d'intérêt majeur **(PIM)**, en vue d'accélérer la construction de logements ; élargissement du cadre conventionnel du projet urbain partenarial (PUP).

32. Que savez-vous du Parlement européen ?

■ Le Parlement européen est la seule institution de l'Union européenne élue directement, tous les cinq ans, par les citoyens ; il est composé de 751 députés, mais suite au départ du Royaume-Uni de l'Union européenne, le nombre de députés européens passera de 751 à **705**. Une partie des 73 sièges des députés britanniques sera alors redistribuée à certains États membres, aujourd'hui « sous-représentés ». Aux 74 députés français actuels s'en ajouteront ainsi cinq autres, élus eux aussi le 26 mai mais qui ne siégeront qu'après le Brexit.

■ Le Parlement européen a **trois pouvoirs principaux** : législatif, budgétaire et contrôle politique.

■ **Rôle législatif**

Il adopte la législation de l'UE conjointement avec le Conseil, sur la base de propositions de la Commission européenne.

Il se prononce sur les accords internationaux.

Il examine le programme de travail de la Commission et l'invite à présenter des propositions législatives.

■ **Rôle budgétaire**

Il établit le budget de l'UE, conjointement avec le Conseil.

Il approuve le cadre financier pluriannuel de l'UE.

■ **Rôle de surveillance**

Il exerce un contrôle démocratique sur toutes les institutions de l'Union.

Il élit le président de la Commission.

Il peut voter une motion de censure, obligeant la Commission à démissionner.

Il « octroie la décharge » : il approuve la façon dont le budget de l'Union a été dépensé.

Il débat de la politique monétaire avec la Banque centrale européenne.

Il remplit des missions d'observation électorale.

33. Que signifie le terme « péréquation » ?

■ La péréquation est un mécanisme de redistribution qui vise à réduire les écarts de richesse et donc les inégalités entre les différentes collectivités territoriales.

■ La révision constitutionnelle du 28 mars 2003 a érigé la péréquation en **objectif de valeur constitutionnelle** : « La loi prévoit des dispositifs de péréquation destinés à favoriser l'égalité entre les collectivités territoriales » (art. 72-2).

■ On distingue **deux mécanismes de péréquation** :

- la péréquation horizontale, qui s'effectue entre collectivités, et qui consiste à attribuer aux collectivités défavorisées une partie des ressources des collectivités les plus « riches » ;
- la péréquation verticale est assurée par les dotations de l'État aux collectivités. La dotation globale de fonctionnement (DGF) en est le principal instrument.

34. Que savez-vous des MDPH ?

■ Les maisons départementales des personnes handicapées (MDPH) ont été créées par la loi n° 2005-102 du 11 février 2005, dite loi « Handicap ». Il y a **104 MDPH** qui accompagnent au quotidien les personnes handicapées dans tous les domaines de leur vie, quels que soient leur âge et leur situation.

■ C'est un guichet unique pour toutes les démarches liées aux diverses situations de handicap.

Les MDPH remplissent des missions :
- d'information ;
- d'accueil et d'écoute ;
- d'évaluation des besoins de compensation et d'élaboration du plan de compensation ;
- d'attribution des droits aux prestations.

■ Chaque MDPH dispose d'une **équipe pluridisciplinaire** (médecins, infirmiers, psychologues, assistants sociaux, ergothérapeutes, etc.) qui **évalue** les besoins de la personne handicapée et d'une **commission des droits et de l'autonomie des personnes handicapées** (CDAPH) qui **prend les décisions** relatives à l'ensemble des droits de la personne, à partir de l'évaluation menée.

■ La MDPH intervient sur demande de la personne handicapée ou de son représentant légal.

35. L'état civil est-il un service décentralisé ou déconcentré ?

■ La déconcentration est un mode d'organisation territoriale de l'État ayant pour objectif de rapprocher l'administration de ses administrés et d'améliorer l'efficacité de l'État. Les services déconcentrés sont soumis au contrôle hiérarchique de l'État, ils agissent au nom et pour le compte de l'État.

■ Le maire est à la fois autorité décentralisée et déconcentrée. Il est l'autorité territoriale, élu par les habitants de la commune, mais il est également le représentant de l'État sur le territoire de la commune.

■ À ce titre, le maire est chargé, en tant que représentant de l'État et sous l'autorité du **procureur de la République**, des missions suivantes :

- la célébration des mariages ;
- l'enregistrement des déclarations de naissances et de décès ;
- la tenue des registres d'état civil.

■ L'état civil est donc un service déconcentré.

36. Que savez-vous de la métropole du Grand Paris ?

■ La métropole du Grand Paris a été créée par la loi du 27 janvier 2014 dite loi MAPTAM (loi de modernisation de l'action publique territoriale et d'affirmation des métropoles) et renforcée par la loi NOTRe (7 août 2015) ; elle a officiellement vu le jour le 1er janvier 2016. C'est un établissement public de coopération intercommunale (EPCI) regroupant 131 communes, en zone urbaine dense : la ville de Paris, 123 communes des trois départements des Hauts-de-Seine, de la Seine-Saint-Denis et du Val-de-Marne, sept communes de l'Essonne et du Val-d'Oise. Elle est divisée en **11 territoires** (établissements publics territoriaux ou EPT) plus Paris et regroupe ainsi **7,2 millions d'habitants**.

Elle comprend **209 élus**, désignés à la proportionnelle à la plus forte moyenne avec au moins un représentant par commune ; les élus composent le **Conseil**, organe délibérant de la métropole.

Elle comprend un **Bureau** composé du président, de 20 vice-présidents et de 10 conseillers délégués ; il fixe la stratégie et les grandes orientations.

Elle comprend aussi un **Conseil de développement** représentant la société civile, dont la fonction est consultative, quant aux principales orientations de la métropole ; il est saisi par le président de la métropole pour émettre un avis, ou s'autosaisit de toute question relevant des compétences de la métropole.

■ C'est le premier pôle d'emplois et premier parc de bureaux d'Europe, elle entend être un vecteur majeur de la croissance mondiale ; elle représente **25 % du PIB national**.

■ Elle intervient dans **cinq domaines de compétences**.

Deux compétences propres :

- protection et mise en valeur de l'environnement et politique du cadre de vie : Plan Climat, qualité de l'air, lutte contre les nuisances sonores, transition énergétique, mobilité durable ;
- gestion des milieux aquatiques et prévention des inondations : restauration de cours d'eau, ouvrages de protection, désimperméabilisation des sols.

Trois compétences partagées avec les communes et territoires :

- aménagement de l'espace métropolitain : opérations d'aménagement, actions de restructuration urbaine, constitution de réserves foncières ;
- développement et aménagement économique, social et culturel : zones d'activités, actions de développement économique ;
- politique locale de l'habitat : amélioration du parc immobilier bâti, réhabilitation et résorption de l'habitat insalubre.

■ En 2019, les dépenses prévisionnelles de fonctionnement de la métropole du Grand Paris (hors flux financiers) s'élèvent à **41,5 millions d'euros** ; les dépenses d'investissement s'élèvent à **131 millions d'euros**.

37. Quelle différence faites-vous entre un arrêté, une délibération et une décision du maire ?

■ **Un arrêté** est un acte administratif unilatéral, qui comporte des visas rappelant les textes qui le fondent et un dispositif précisant le contenu de l'acte et ses effets juridiques. Un arrêté peut être **réglementaire** (général et impersonnel), lorsqu'il pose une règle générale (ex. : un arrêté municipal de stationnement et de circulation) ou **individuel ou collectif** (une ou plusieurs personnes nommément désignées, cf. nomination d'un fonctionnaire). Le maire prend des arrêtés dans le cadre de ses pouvoirs de police, en qualité de chef du personnel. Les arrêtés sont signés soit par le maire, soit par les adjoints délégués. Les arrêtés sont exécutoires de plein droit après avoir été publiés, affichés ou notifiés aux personnes concernées. Les arrêtés réglementaires sont insérés au registre des arrêtés (consultable en mairie).

■ **Une délibération** est un acte administratif issu d'un vote du conseil municipal ; c'est le moyen par lequel l'organe délibérant exerce ses compétences ; les délibérations sont la traduction des mesures adoptées, leur validité est conditionnée par des règles d'organisation et de rédaction. Les délibérations sont signées soit par le maire, soit par les adjoints délégués. Les délibérations sont exécutoires après transmission en préfecture, affichage en mairie et insertion au registre des délibérations (consultable en mairie).

■ **Une décision** est un acte administratif fait par le maire, par délégation du conseil municipal, dans les cas limitativement énumérés dans l'article L. 2122-22 du CGCT. En effet, le conseil municipal, pour des raisons d'ordre pratique, ne peut régler dans le détail tous les problèmes de gestion. Le maire doit rendre compte des décisions prises à chaque réunion obligatoire du conseil municipal. Les décisions sont signées soit par le maire, soit par les adjoints délégués. Les décisions du maire sont des actes soumis à l'obligation de transmission au préfet et doivent être insérées au registre des délibérations (consultable en mairie).

■ Tous ces actes administratifs organisent la vie de la commune et définissent le service public local.

38. Que savez-vous de l'Agence nationale de cohésion des territoires (ANCT) ?

■ L'Agence nationale de cohésion des territoires a été créée par la loi du 22 juillet 2019. Il s'agit d'une agence unique pour l'action territoriale de l'État, ayant le statut d'établissement public. Son objectif est de renforcer les liens entre l'État et les collectivités territoriales, elle est leur interlocuteur unique dans les territoires.

■ Elle rassemble des services du Commissariat général à l'égalité des territoires (GCET), de l'Établissement public national d'aménagement et de restructuration des espaces commerciaux et artisanaux (Epareca) et de l'Agence du numérique.

■ Sa **principale mission** est de soutenir les territoires en difficulté, dans la définition et la mise en œuvre de leurs projets, notamment pour l'aménagement des centres-villes, l'accès aux services publics, les transports, la lutte contre les changements climatiques.

■ L'ANCT va nouer des conventions partenariales privilégiées, notamment avec l'ANAH, l'ANRU, l'ADEME. Les préfets, délégués territoriaux de l'ANCT, vont faciliter l'accompagnement de l'État aux projets locaux, tels le programme « Action cœur de ville », dans une dynamique partenariale et différenciée.

39. Que savez-vous de l'économie sociale et solidaire ?

■ L'économie sociale et solidaire (ESS) représente un ensemble d'entreprises organisées sous diverses formes, telles des coopératives (SCOP, SCIC), des mutuelles, des associations loi 1901, des fondations, des structures d'insertion par l'activité économique (SIAE), dont le fonctionnement interne et les activités sont fondés sur un principe de **solidarité et d'utilité sociale**.

■ Ces entreprises entendent participer au développement d'une nouvelle économie, plus juste, plus durable, plus solidaire, qui concilie performance économique et intérêt général.

Elles adoptent des modes de gestion **démocratiques et participatifs**. Elles encadrent strictement l'utilisation des bénéfices réalisés : absence de profit individuel et réinvestissement des résultats.

■ Début 2019, les **chiffres clés de l'ESS** sont les suivants :

- 200 000 entreprises ;
- 2,4 millions de salariés, soit **14 % de l'emploi salarié privé**, dans des secteurs diversifiés : 63 % des emplois de l'action sociale, 56 % des emplois du sport et des loisirs, 30 % des activités financières et d'assurance, 29 % de la culture, 19 % de l'enseignement… ;
- 11 % du PIB ;
- + 23 % de création d'emplois au cours des 10 dernières années ;
- 5 000 créations d'entreprises chaque année.

■ Le Gouvernement a lancé, en **novembre 2018**, un **pacte de croissance pour l'économie sociale et solidaire**, afin de renforcer l'influence et le pouvoir d'agir des entreprises de l'ESS, notamment par les mesures suivantes :

- alléger, dès 2019, de **1,4 milliard d'euros** les cotisations patronales de toutes les entreprises de l'ESS ;
- lancer, avec BPI France, le Fonds d'innovation sociale (FISO) #2 de **21 millions d'euros**, en partenariat avec les régions volontaires, pour financer l'amorçage de 200 projets innovants au cœur des territoires ;
- élargir la possibilité d'obtenir l'agrément entreprise solidaire d'utilité sociale (ESUS) aux entreprises du secteur culturel, environnemental et de solidarité internationale ;
- ouvrir le service civique à toutes les entreprises agréées ESUS ;
- d'ici 2020, 25 % des marchés publics devront comporter des clauses sociales ;
- ouvrir le dispositif **Avance+** de BPI France aux entreprises de l'ESS : les entreprises de l'ESS titulaires de marchés publics pourront bénéficier d'une avance de trésorerie pour pallier les délais de règlement liés à la commande publique.

40 Qu'est-ce qu'un centre social ?

■ Selon la Charte fédérale des centres sociaux de 2000, un centre social se définit comme un « foyer d'initiatives porté par des habitants associés, appuyé par des professionnels capables de définir et de mettre en œuvre un projet de développement social local pour l'ensemble de la population d'un territoire ».

■ Un centre social s'inscrit dans le **mouvement de l'éducation populaire**, il se réfère, dans ses actions, à **trois valeurs fondamentales** : la dignité humaine, la solidarité et la démocratie.

■ Un centre social est un **équipement polyvalent de proximité**, implanté au cœur des quartiers, ouvert à tous les habitants, où chacun peut y trouver des activités et des services dans les domaines les plus variés : culture, insertion, loisirs, logement, garde d'enfants, etc. L'objectif prioritaire d'un centre social est de **faire participer les habitants** à l'amélioration de leurs conditions de vie, au développement de l'éducation et l'expression culturelle, au renforcement des solidarités, à la prévention et la réduction des exclusions. C'est donc un lieu où les habitants mettent concrètement en place des **projets pour améliorer leur vie quotidienne**. Des **professionnels** formés et compétents sont présents pour **accueillir, écouter et accompagner** la réalisation de ces projets.

Un centre social est donc un **lieu d'accueil, d'écoute et de parole, de soutien à la fonction parentale**, qui permet l'accompagnement de projets, avec la **participation active de tous**.

■ Chaque centre fait partie d'un réseau qui souscrit aux valeurs et aux exigences communes de la Charte fédérale. Ce réseau est constitué de près de 1 200 centres sociaux regroupés par 44 fédérations ou regroupements, départementaux ou régionaux, adhérents à la Fédération des centres sociaux et socioculturels de France (FCSF).

■ La vie d'un centre social est « rythmée » par un **projet agréé pour 1 à 4 ans** par le conseil d'administration **de la Caf**. Le projet est élaboré à partir de besoins et propositions des familles et des acteurs locaux. L'agrément conduit à l'établissement d'une **convention de financement par la Caf** de la prestation de service.

41. Qu'est-ce que la méthodologie de projet ?

■ La méthodologie de projet a pour objectif d'organiser et de coordonner les différentes étapes en vue de mener à bien un projet. C'est un « outil » managérial. La méthodologie de gestion de projet est **un processus** qui suit **des règles précises**, respectées par tous les acteurs de l'entreprise, tout en étant évolutives.

■ Il s'agit de monter un projet, de conduire une action et donc se fixer un objectif et se donner les moyens de l'atteindre. Une **organisation méthodologique** doit être mise en œuvre, par étapes. Chaque étape sera contrôlée et soumise à la validation politique par le responsable de projet, afin de passer à l'étape suivante.

■ Cela implique de respecter **certaines étapes, principalement sept** :
- constituer une équipe-projet ;
- élaborer un diagnostic/état des lieux ;
- définir des objectifs ;
- planifier le calendrier prévisionnel du déroulement du projet ;
- rechercher, mobiliser des ressources humaines, matérielles et financières ;
- planifier des modalités d'évaluation ;
- valoriser et communiquer sur les résultats du projet.

42 Qu'est-ce que l'économie circulaire ?

■ L'économie circulaire est un « nouveau » modèle économique dont l'objectif est de produire des biens et des services de manière durable, en limitant les déchets, la consommation et le gaspillage de ressources, car elles sont limitées : matières premières, eau, énergie.

L'économie circulaire relève de **l'économie verte** et vise à développer des emplois durables et non délocalisables.

Il s'agit de **rompre avec le modèle de l'économie linéaire** (extraire, fabriquer, consommer, jeter).

■ Avec **la loi de transition énergétique du 18 août 2015**, la transition vers une économie circulaire a été fixée comme **un objectif national** et comme **l'un des piliers du développement durable**.

■ Le **23 avril 2018**, le Gouvernement a lancé la **Feuille de route pour l'économie circulaire**, comportant des objectifs et mesures très concrets, notamment :

- réduire de 30 % la consommation de ressources par rapport au PIB d'ici à 2030 par rapport à 2010 ;
- réduire de 50 % les quantités de déchets non dangereux mis en décharge en 2025 par rapport à 2010 ;
- tendre vers 100 % de plastiques recyclés en 2025 ;
- économiser l'émission de 8 millions de tonnes de CO_2 supplémentaires chaque année grâce au recyclage du plastique ;
- créer 500 000 emplois supplémentaires, y compris dans des métiers nouveaux.

43. Quels sont les changements pour les personnes handicapées en 2019 ?

■ Le **28 mai 2018**, le rapport Taquet-Serres (« **Plus simple la vie** ») sur la simplification du parcours administratif des personnes en situation de handicap a été remis au Premier ministre, avec **113 propositions** pour améliorer le quotidien des personnes en situation de handicap.

■ **L'attribution de droits à vie** aux personnes dont le handicap n'est pas susceptible d'évoluer fait partie des principales propositions, effectives en 2019. Quatre droits sont concernés :

- l'AAH (allocation aux adultes handicapés), pour les personnes ayant un taux d'invalidité d'au moins 80 %. De plus, l'AAH est revalorisée : 900 euros/mois, depuis fin 2019 ;
- la RQTH (reconnaissance de la qualité de travailleur handicapé) ;
- la carte mobilité ;
- l'AEEH (allocation d'éducation de l'enfant handicapé) jusqu'aux 20 ans de l'enfant.

■ Le **déploiement de la stratégie autisme** repose sur cinq engagements et 20 mesures, notamment la création d'un forfait d'intervention précoce permettant la prise en charge immédiate des enfants présentant des troubles du neuro-développement.

■ Le **droit de vote, de se marier, de se pacser ou de divorcer** pour les personnes sous tutelle.

■ **L'obligation**, pour les logements neufs « R + 3 », d'avoir **des ascenseurs.**

■ **Fusion de la CMU** (couverture maladie universelle) et de **l'aide à la complémentaire santé** (ACS) ; la CMU étant ainsi élargie aux personnes éligibles à l'ACS, ceci va limiter les renoncements aux soins.

■ La **réforme de l'école inclusive** se poursuit :

- remplacement des contrats aidés par des contrats d'AESH ;
- formation de 60 heures obligatoire pour les AESH ;
- création de « pôles inclusifs » dans les établissements scolaires…

■ **L'augmentation du budget** alloué au handicap, qui est une des priorités du Gouvernement, soit plus 5 % en 2019.

44. Que savez-vous de la formation d'intégration des catégories A et B ?

■ La formation d'intégration est la première étape de la construction du parcours professionnel et la condition de la titularisation de tout agent. L'objectif est de sensibiliser les agents à leur nouvel environnement professionnel et les aider à appréhender les valeurs du service public.

■ Depuis le 1er janvier 2016, le dispositif de formation d'intégration pour les catégories A et B a évolué : il est de **10 jours obligatoires** de formation.

■ Il y a **deux modules principaux** de formation en présentiel :

- Le **premier module (5 jours)** porte sur les valeurs du service public, le sens de l'action publique, le rôle et les missions du cadre. Il inclut aussi les **sept grandes causes** du service public : l'égalité professionnelle femme/homme, le développement durable, la lutte contre l'illettrisme, la prise en compte du handicap, les risques psychosociaux, la lutte contre les discriminations et la laïcité. Il inclut aussi un élément nouveau, le livret d'orientation formative.

- Le **deuxième module (5 jours)** porte sur les fondamentaux du management et de la gestion de projet dans les collectivités locales, avec une mise en situation, à partir d'un cas pratique réel.

■ Entre les deux modules, l'agent retourne dans sa collectivité, pendant environ 1 mois et demi, et met à profit ce temps d'observation et de repérage de ses compétences transverses.

■ Cette formation d'intégration intervient obligatoirement dans la première année qui suit la nomination du fonctionnaire dans son cadre d'emplois.

45. Où en est-on de l'accessibilité des établissements recevant du public (ERP) en 2019 ?

■ Une ordonnance du 26 septembre 2014, avec effet au 1er janvier 2015, a rendu obligatoire la mise en place **d'agendas d'accessibilité programmée (Ad'Ap)**, document de programmation technique et financière. Les acteurs publics et privés devaient ainsi s'engager à respecter un calendrier précis et resserré de travaux d'accessibilité.

■ Le législateur a laissé une période transitoire pour déposer les Ad'ap auprès des services préfectoraux, ceci jusqu'au 31 mars 2019. Ensuite, les acteurs publics et privés devaient déposer des autorisations de travaux et de permis de construire pour mise en conformité totale.

■ Le défaut de dépôt d'un Ad'Ap peut aboutir à des sanctions forfaitaires, pour chaque manquement, allant de **1 500 euros** (ERP de cinquième catégorie) **à 5 000 euros** (ERP de catégorie 1 à 4) ; cette amende n'est pas libératoire de l'obligation de mise en accessibilité de l'ERP.

Ces sanctions sont à dissocier de celles prévues par la loi de finances pour 2019, qui concernent le non-respect du calendrier prévu par un Ad'aP : sanctions pouvant s'élever entre 5 % et 20 % du montant des travaux restant à réaliser. Cette amende est toutefois plafonnée à 2 % du montant total des dépenses d'investissement pour une collectivité territoriale.

■ Fin 2018, selon la Délégation interministérielle à l'accessibilité (DIA), près de 700 000 ERP avaient déposé leur Ad'AP, sur un nombre estimé autour de 1 million.

■ Depuis le 31 mars 2019, le dépôt d'un dossier Ad'ap est clos.

■ Depuis le 30 septembre 2017, tous les ERP doivent constituer un **registre public d'accessibilité**, sous format papier ou dématérialisé.

46. Une commune peut-elle créer une boulangerie communale et si oui, comment ?

■ Oui, une commune peut créer ou reprendre une activité, en cas de **carence de l'initiative privée** ; la création de cette activité ne doit pas porter atteinte à la liberté d'entreprendre et notamment à certaines de ses composantes au premier rang desquelles figure la liberté du commerce et de l'industrie. Les règles qui président à cette possibilité offerte aux communes procèdent **d'une construction jurisprudentielle** dégagée par le Conseil d'État, depuis pratiquement 1930, qui rend des décisions au cas par cas. Cette situation se pose avec une certaine acuité face à la désertification de certains secteurs, notamment ruraux.

■ Le Conseil d'État estime que les entreprises ayant un caractère commercial, libéral ou industriel restent, en règle générale, réservées à l'initiative privée et que les communes ne peuvent ériger ces entreprises en services publics communaux que si, en raison de **circonstances particulières de temps et de lieu, un intérêt public justifie leur intervention**.

Cet intérêt public exige **la réunion de deux conditions** :

– l'existence d'un **besoin de la population**, qu'il s'agisse de celle qui demeure en permanence dans la commune ou de celle qui s'y trouve momentanément (touristes, campeurs, etc.), dès lors que ce besoin possède un lien avec l'intérêt général ;

– l'absence de prise en charge convenable du besoin par l'initiative privée, que celle-ci soit **absente, défaillante ou insuffisante** (quantitativement ou qualitativement).

■ Ont, par exemple, été jugées légales, les interventions communales suivantes :

– la création d'une **boucherie municipale** (CE, 24 novembre 1933, Zénard : éloignement des commerçants privés et caractère élevé des prix pratiqués) ;

– la création d'un **cabinet dentaire municipal** (CE, 20 novembre 1964, ville de Nanterre : tous les dentistes de la ville pratiquaient les honoraires libres).

■ La reprise ou la création de l'activité par une commune peut être réalisée en **gestion directe (régie)** ou en **gestion déléguée** (ex. : la boulangerie peut être construite par la commune et sa gestion peut être confiée à une personne privée).

Dans le cas d'une gestion directe, il conviendra que le conseil municipal vote une délibération dans ce sens, car il y a création d'un service public. Dans le cas d'une gestion déléguée, il faudra également une délibération du conseil municipal sur le principe du choix de ce mode de gestion et ensuite il conviendra de lancer une procédure de délégation de service public (cahier des charges, appel d'offres, etc.).

■ De même, depuis **la loi de simplification du droit du 20 décembre 2007**, les groupements de communes sont autorisés à intervenir pour assurer le maintien de services nécessaires à la satisfaction des besoins de la population, et ainsi accorder des aides directes ou indirectes dans le cadre d'une convention (CGCT, art. L. 5111-4).

47. Qu'est-ce que le délit de favoritisme ?

■ Les élus et fonctionnaires peuvent se voir reprocher divers manquements au **devoir d'intégrité** qui leur incombe dans l'exercice de leurs fonctions. Parmi ces manquements figure le **délit de favoritisme ou délit d'octroi d'avantage injustifié** susceptible de conduire à des sanctions pénales.

L'article 432-14 du Code pénal sanctionne ainsi les atteintes à la liberté d'accès et à l'égalité des prestataires dans les marchés publics et les délégations de service public.

Le favoritisme consiste à procurer ou tenter de procurer à autrui un avantage injustifié par un acte contraire aux dispositions législatives et réglementaires encadrant les marchés publics et délégations de service public. Ainsi, un maire qui, suite à une remise d'un rapport d'analyse des offres, demanderait de modifier ce rapport pour que l'entreprise locale, dirigée par son cousin, ait la meilleure note et soit retenue, a un agissement constitutif d'un délit de favoritisme.

Le délit de favoritisme étant une infraction instantanée, le délai de prescription est de 3 ans à compter de la date où les faits délictuels ont été commis.

■ La personne reconnue coupable de favoritisme ou d'octroi d'avantage injustifié encourt une peine de **2 ans d'emprisonnement** et de **30 000 euros d'amende**.

■ **À titre d'exemple** : lors de l'attribution d'un marché public, le choix de l'entreprise par la commission d'appel d'offres n'était pas fondé sur des considérations objectives mais sur des relations personnelles faussant ainsi la liberté et l'égalité d'accès dans les marchés publics. Le président de la commission a été reconnu coupable de délit de favoritisme pour avoir proposé le choix de cette entreprise en raison des relations personnelles qui l'unissaient à son gérant de fait (Cass. crim. 19 octobre 2005).

48. Que savez-vous de la procédure des ordonnances ?

■ Le recours aux ordonnances est prévu par **l'article 38 de la Constitution de 1958**. Le Parlement vote d'abord une **loi d'habilitation**, qui précise sur quels sujets et pendant quelle période le gouvernement est ainsi autorisé à prendre lui-même des mesures relevant normalement du domaine de la loi, afin de mettre en œuvre son programme. Les mesures ainsi prises par le gouvernement sont appelées des ordonnances (sous les IIIe et IVe Républiques).

■ Les ordonnances sont prises en Conseil des ministres, après avis (consultatif) du Conseil d'État, et signées par le président de la République. Elles sont promulguées et entrent immédiatement en vigueur.

■ Les ordonnances doivent ensuite être ratifiées par le Parlement, pour qu'elles prennent force de loi, sinon elles deviendront caduques. Le Parlement est donc obligatoirement consulté au début et à la fin de la procédure ; mais, il est de fait écarté des débats sur le contenu de la loi, ce que nombre de députés déplorent, car leur rôle se trouve ainsi amoindri.

■ Le gouvernement d'Édouard Philippe a eu recours en 2017 à 5 ordonnances pour réformer le Code du travail, avec la « loi Travail 2 ».

49. Qu'est-ce que le référendum d'initiative partagée ?

- Le référendum d'initiative partagée (RIP) est une **initiative parlementaire** soutenue par les citoyens.

- La **réforme constitutionnelle de 2008** a créé cette nouvelle forme de référendum, par modification de l'article 11 de la Constitution.

- La **procédure** à respecter pour l'organisation d'un RIP est la suivante :
  – Signature d'une proposition de loi par 1/5e des parlementaires (185 députés et/ou sénateurs). Cette proposition de loi ne peut porter que sur les domaines mentionnés par l'article 11 : organisation des pouvoirs publics, réformes relatives à la politique économique, sociale ou environnementale, ratification d'un traité ; elle ne doit pas porter sur le même sujet qu'une proposition de loi rejetée par référendum il y a moins de deux ans.
  – Le Conseil constitutionnel vérifie la conformité de la proposition aux règles d'organisation d'un référendum.
  – La proposition de loi doit ensuite être signée par **10 % du corps électoral**, soit 4,5 millions de citoyens ; le recueil des soutiens est réalisé pendant une **période de neuf mois** par le ministère de l'Intérieur via le site **referendum.interieur.gouv.fr**. Pour déposer son soutien, l'électeur remplit un formulaire sur le site en se connectant par ses propres moyens (ordinateur, smartphone, tablette, etc.). Il peut aussi déposer son soutien via des points d'accès situés au moins dans la commune la plus peuplée de chaque canton, ou faire enregistrer électroniquement son soutien par un agent de la commune ou du consulat.
  – Si le Parlement n'a pas examiné de texte sur le même sujet dans un délai de six mois, le président de la République convoque un référendum sur la proposition de loi.

50. Quelles sont les principales dispositions de la loi du 20 avril 2016 relative à la déontologie et aux droits et obligations des fonctionnaires ?

Cette loi intervient 30 ans après la loi du 13 juillet 1983, qui fonde le statut général des fonctionnaires.

Elle apporte plusieurs modifications au statut général de la fonction publique, autour de **trois axes majeurs**.

■ **Premier axe – Le renforcement de certaines valeurs fondamentales** communes aux agents publics et aussi la **modernisation de certains droits et obligations** :

– la loi consacre certaines valeurs, préalablement reconnues par la jurisprudence. Tout agent doit exercer ses fonctions avec **dignité**, avec **impartialité,** avec **intégrité** et **probité** ; il est tenu à une obligation de neutralité dans l'exercice de ses fonctions ; il doit exercer ses fonctions dans le **respect du principe de laïcité** et donc s'abstenir de faire état de ses opinions religieuses ; il doit traiter les usagers du service public de manière égale et donc respecter la liberté de conscience et la dignité des personnes ;

– la loi renforce certains droits et obligations. Les positions statutaires sont harmonisées afin de favoriser la mobilité des agents entre les trois fonctions publiques et les règles disciplinaires sont unifiées. La protection fonctionnelle des agents victimes de menaces, d'agressions dans l'exercice de leurs fonctions est étendue à leur famille (conjoints, enfants) quand ils sont eux-mêmes victimes d'agressions du fait des fonctions des agents. Les interdictions de cumul d'emplois sont étendues.

■ **Deuxième axe – Le renforcement des dispositifs applicables en matière de déontologie** :

– le fonctionnaire doit prévenir et faire cesser toute situation de conflit d'intérêts. La loi définit le conflit d'intérêts comme toute situation d'interférence entre un intérêt public et des intérêts publics ou privés, pouvant influencer l'exercice indépendant et objectif de ses fonctions ;

– les fonctionnaires nommés sur certains emplois « exposés » doivent transmettre à la Haute Autorité pour la transparence de la vie publique (**HATVP**) une déclaration exhaustive de leur situation patrimoniale ;

– un dispositif de protection des « lanceurs d'alerte » est créé, afin qu'un agent puisse signaler sans crainte l'existence d'un conflit d'intérêts ;

– la fonction de « référent déontologue » est aussi créée ;

– la commission de déontologie de la fonction publique, placée auprès du Premier ministre, voit ses pouvoirs étendus à la prévention des conflits d'intérêts.

■ **Troisième axe – De nouveaux moyens pour assurer l'exemplarité des employeurs publics** :

– la loi transcrit le protocole d'accord du 8 mars 2013 relatif à l'égalité professionnelle entre les femmes et les hommes. Elle étend l'obligation de nominations équilibrées dans les postes de cadres dirigeants ;

– la loi prolonge le dispositif de titularisation mis en place par la loi « Sauvadet » du 12 mars 2012 relative à la résorption de l'emploi précaire jusqu'au 12 mars 2018 pour la fonction publique territoriale (jusqu'en mars 2020 pour la fonction publique d'État).

51. Qu'est-ce que le ROB (rapport d'orientation budgétaire) ?

■ La loi du 6 février 1992 a rendu obligatoire pour les communes de 3 500 habitants et plus et pour les EPCI comprenant au moins une commune de 3 500 habitants la tenue d'un débat portant sur les orientations générales du budget (DOB). C'est une formalité substantielle, donc obligatoire. Il doit avoir lieu dans les deux mois précédant le vote du budget.

■ Depuis l'adoption de la loi NOTRe (7 août 2015), le débat porte sur le **rapport retraçant les orientations budgétaires (ROB)** ; l'article D. 2312-3 du Code général des collectivités territoriales détermine le contenu exhaustif de ce rapport. Il doit comprendre :

- les **orientations budgétaires** envisagées portant sur les évolutions prévisionnelles des dépenses et des recettes, en fonctionnement comme en investissement ;
- la présentation des **engagements pluriannuels**, notamment les orientations envisagées en matière de programmation d'investissement comportant une prévision des dépenses et des recettes ; le rapport présente, le cas échéant, les orientations en matière d'autorisation de programme ;
- des informations relatives à la structure et à la gestion de l'encours de dette contractée et les perspectives pour le projet de budget.

■ Pour les communes/EPCI de plus de 10 000 habitants et pour les conseils départementaux, ce rapport est complété par une présentation de la structure, de l'évolution et de l'exécution des dépenses de personnel, des rémunérations, des avantages en nature et du temps de travail.

■ La loi de programmation des finances publiques (LPFP) pour les années **2018 à 2022** du 22 janvier 2018 – et plus particulièrement son article 13 – ajoute deux nouvelles informations devant figurer dans le ROB :

- l'évolution des **dépenses réelles de fonctionnement** exprimées en valeur, en comptabilité générale de la section de fonctionnement ;
- l'évolution du besoin de financement annuel calculé comme les emprunts minorés des remboursements de dette. Ces éléments prennent en compte les budgets principaux et l'ensemble des budgets annexes.

52. Que savez-vous de la loi « Égalité-citoyenneté » ?

La loi relative à l'égalité et à la citoyenneté a été promulguée le **27 janvier 2017**. Elle poursuit **trois objectifs** : encourager la citoyenneté et l'émancipation des jeunes, favoriser la mixité sociale et l'égalité des chances dans l'habitat et renforcer l'égalité réelle.

- **Encourager la citoyenneté et l'émancipation des jeunes**

La loi crée une **réserve civique** pour tous les Français ou étrangers en situation régulière majeurs ou âgés de plus de 16 ans, désireux de servir les valeurs de la République, en participant, à titre bénévole et occasionnel, à la réalisation de projets d'intérêt général.

Création d'un nouveau **congé d'engagement** : ouvert aux salariés et agents publics exerçant bénévolement certaines responsabilités au sein d'une association ou membres d'un conseil citoyen ; congé d'une durée de six jours par an, non rémunéré.

Extension des missions de service civique aux services départementaux d'incendie et de secours (SDIS), aux organismes HLM, aux entreprises solidaires d'utilité sociale (ESUS).

Validation obligatoire dans le cursus des étudiants des compétences acquises lors d'un engagement citoyen (activités bénévoles, service civique, etc.).

- **Dans le logement social, favoriser la mixité sociale et lutter contre la ségrégation territoriale**

Changements dans les modalités d'attribution des logements sociaux : par exemple, au moins 25 % des logements sociaux disponibles dans les quartiers les plus attractifs devront être attribués aux 25 % des ménages les plus modestes ; le préfet ne peut plus déléguer aux communes le contingent d'État de logements réservés ; obligation pour les bailleurs sociaux de publier d'ici 2020, notamment sur Internet, les logements sociaux vacants.

- **Renforcer l'égalité réelle**

Extension des pouvoirs des conseils citoyens, créés en 2014 dans les quartiers prioritaires de la politique de la ville. Possibilité d'interpeller le préfet quant aux difficultés particulières rencontrées par les habitants et de demander la modification du contrat de ville.

Diversifier l'accès à la fonction publique : faciliter l'accès au 3e concours de la fonction publique, notamment en tenant compte du temps passé en apprentissage ou en contrat de professionnalisation.

Extension du dispositif « Parcours d'accès aux carrières de la fonction publique » (PACTE), permettant d'accéder sans concours à un emploi de catégorie C aux jeunes peu ou pas diplômés jusqu'à 28 ans ainsi qu'aux chômeurs de longue durée d'au moins 45 ans bénéficiaires de minima sociaux.

Doublement des peines encourues pour injures racistes ou discriminatoires : un an de prison et 45 000 euros d'amende.

Droit pour tous les enfants à l'école primaire d'être inscrits à la cantine, lorsque ce service existe.

53. Expliquez ce qu'est le droit d'alerte et de retrait.

■ Le principe est que tout agent public doit exercer ses missions de façon sécurisée.

■ Lorsqu'un agent a un motif raisonnable de penser que sa situation de travail présente un danger grave et imminent, c'est-à-dire une menace directe pour la vie ou sa santé, pouvant porter atteinte de façon importante, voire définitive, à son intégrité physique ou mentale, il doit en informer immédiatement son supérieur hiérarchique, de **façon formalisée**, par écrit, dans un **registre spécial** (décret du 10 juin 1985) ; c'est le **droit d'alerte**. Exemples de situation de danger grave et imminent : risques d'accident liés à une machine défectueuse, situation de travail exposant à de l'amiante, etc.

■ L'agent peut également se retirer d'une telle situation : c'est le **droit de retrait**. L'autorité territoriale ne peut demander à l'agent de reprendre son travail dans une situation de danger grave et imminent. Elle doit procéder à une enquête, avec un membre du CHSCT (futur CSE) et/ou l'assistant de prévention ; elle doit prendre ensuite toutes les mesures nécessaires pour remédier à cette situation et en informer le CHSCT (futur CSE), notamment sur le calendrier de mise en œuvre.

■ S'il y a divergence sur la réalité du danger, il faut réunir en urgence, sous 24 heures maximum, le CHSCT. Si le désaccord persiste, l'ACFI sera sollicité par l'autorité territoriale.

■ Si la situation de danger grave et imminent est confirmée, le retrait de l'agent est justifié et il ne peut donc pas être sanctionné ni contraint à reprendre son travail tant que le danger persiste mais il peut exercer une autre mission correspondant à ses qualifications professionnelles.

Dans le cas contraire, si le retrait est considéré comme injustifié, l'agent peut avoir une retenue sur salaire (absence de service fait) et faire l'objet d'une procédure disciplinaire.

54. Quel est le rôle du Conseil supérieur de la fonction publique territoriale (CSFPT) ?

■ Il a été institué par la **loi n° 84-53 du 26 janvier 1984** portant dispositions statutaires relatives à la fonction publique territoriale.

■ C'est l'**instance nationale paritaire de consultation de la fonction publique territoriale** ; elle est composée de 40 membres titulaires élus, représentant les collectivités territoriales (20 membres) et de membres désignés par les syndicats pour représenter le personnel (20 membres). Chaque titulaire a un suppléant.

■ Le CSFPT est présidé par un représentant des collectivités territoriales, élu en son sein. Un représentant du ministre chargé de la fonction publique ou du ministre chargé des collectivités territoriales assiste aux délibérations du CSFPT.

■ Ce conseil permet d'organiser le dialogue entre les représentants des élus locaux d'une part, et des fonctionnaires territoriaux d'autre part, et d'assurer la concertation nécessaire à l'élaboration et au suivi des textes législatifs et réglementaires concernant les fonctionnaires territoriaux.

■ Le CSFPT est consulté pour avis sur toute question, tout projet de loi ou de décret concernant la fonction publique territoriale : politique salariale, l'emploi public.

■ Il peut procéder également à toutes études sur l'organisation et le perfectionnement de la gestion du personnel des administrations territoriales.

55. Quels sont les différents outils de la démocratie participative ?

■ La démocratie participative, c'est le fait d'assurer la participation des citoyens à la détermination de l'intérêt public local. C'est une nouvelle conception de la prise de décision. La décision est construite et prise avec les citoyens. C'est une démarche complémentaire à la démocratie représentative.

■ La démocratie participative se traduit par **deux grandes catégories d'outils :** des outils légaux (prévus par le législateur) et des outils extralégaux (« informels » et à la convenance des collectivités).

■ **Les outils légaux**, prévus par le législateur, sont notamment les suivants :

– La loi sur la solidarité et le renouvellement urbains (SRU) de **décembre 2000** rend obligatoire la concertation lors de l'élaboration des plans locaux d'urbanisme (PLU).

– La loi sur la démocratie de proximité du **27 février 2002** rend obligatoire dans les collectivités de **plus de 80 000 habitants** la **création de conseils de quartier**. De plus, 1/5e des électeurs inscrits sur les listes électorales peuvent saisir le conseil municipal pour organiser une consultation sur une opération d'aménagement relevant de sa compétence.

– La révision constitutionnelle **de 2003** inscrit **deux principes** à l'article 72-1 de la Constitution :

• **le droit de pétition** : les électeurs d'une collectivité territoriale peuvent, par voie de pétition, demander l'inscription à l'ordre du jour de l'assemblée délibérante d'une question relevant de sa compétence ;

• **le référendum** : les projets de délibération ou d'acte relevant de la compétence d'une collectivité territoriale peuvent, à son initiative, être soumis, par voie du référendum, à la décision des électeurs de cette collectivité.

– La loi du **13 août 2004** étend le processus consultatif à l'ensemble des collectivités territoriales et EPCI ; de plus, la consultation peut être limitée aux électeurs d'une partie du territoire pour les affaires intéressant spécialement ce territoire.

– La loi constitutionnelle du **23 juillet 2008** a créé le **référendum d'initiative partagée (Rip)** qui permet aux électeurs inscrits sur les listes électorales de se déclarer en faveur d'une proposition de loi référendaire (proposition de loi déposée par au moins 1/5e des membres du Parlement). Si 1/10e des électeurs apportent leur soutien, la proposition de loi est ensuite examinée par le Parlement ou soumise au référendum par le président de la République. C'est la procédure utilisée pour la proposition de loi visant à affirmer le caractère de service public national de **l'exploitation des aérodromes de Paris**.

– Une **ordonnance de 2016** rendant possible la consultation de la population concernée par un projet ayant **une incidence sur l'environnement** : cf. la procédure utilisée pour faire voter les habitants de Loire-Atlantique sur l'aéroport de Notre-Dame-des-Landes.

■ **Les outils extralégaux** peuvent notamment être les suivants :

– des modes participatifs à caractère « pérenne » : conseils des jeunes, conseils des sages, conseils des aînés, conseils de crèche, conseils de résidents étrangers, conseils de citoyens, etc. ;

– des modes plus « ponctuels » : réunion publique, débat public autour d'un sujet particulier ; concertation sur des enjeux d'importance telle la rénovation urbaine ; ateliers urbains ; sondages, jurys citoyens tirés au sort, conférences de consensus, budgets participatifs, etc. ;

– modes recourant au numérique : blogs interactifs, forums en ligne, réseaux sociaux, logiciel de suivi des relations avec les citoyens, etc. C'est ce qu'on appelle les civic techs (technologies citoyennes).

56. Que savez-vous de la loi de modernisation de la justice du XXIe siècle ?

■ La loi de modernisation de la justice du XXIe siècle a été promulguée le **18 novembre 2016**. Elle a pour objectif principal **d'améliorer pour tous la justice du quotidien en la rendant plus proche, plus simple et plus efficace**, notamment par la généralisation du service d'accueil unique du justiciable.

■ Ses **principales mesures** sont les suivantes :

- la **création d'un statut pour le juge des libertés et de la détention**. La fonction de juge des libertés et de la détention (JLD) devient statutaire ; le JLD est dorénavant nommé par décret après avis conforme du Conseil supérieur de la magistrature (CSM) ; c'est un juge « spécialisé », comme les juges d'instruction ou les juges pour enfants ;
- la disparition des tribunaux correctionnels pour enfants ;
- la mise en place d'une **nouvelle procédure pour le pacte civil de solidarité (Pacs)**. L'enregistrement des Pacs et le changement de prénom se feront désormais à la mairie auprès des officiers d'état civil et non plus auprès du greffe d'un tribunal d'instance (moins accessibles géographiquement que les mairies) ;
- la **modification de la procédure de divorce par consentement**. Les deux époux ont désormais recours **chacun à un avocat** pour l'élaboration de la convention de divorce, garantie pour que chaque époux soit bien représenté ; la convention de divorce, contresignée par les avocats, est déposée et enregistrée chez **un notaire**. Ceci aboutit à **raccourcir très nettement les délais** ;
- la mise en place d'un **service d'accueil unique du justiciable** ;
- pour les petits litiges du quotidien, la **tentative de conciliation devient obligatoire** ;
- **l'allongement du délai pour les déclarations de naissance**, en mairie : les parents disposent de cinq jours (au lieu de trois).

57. Quels sont les principaux axes de la loi d'adaptation de la société au vieillissement (loi ASV) ?

■ La loi ASV, entrée en vigueur le **1er janvier 2016**, repose sur **trois piliers** :
- l'anticipation de la perte d'autonomie ;
- l'adaptation globale de la société au vieillissement ;
- l'accompagnement des personnes en perte d'autonomie.

■ Ses principales mesures sont les suivantes :
- la **réforme de l'APA à domicile** : augmentation du nombre d'heures d'aide à domicile, exonération de participation financière pour les allocataires du minimum vieillesse (ASPA) ;
- la reconnaissance et le soutien des proches aidants : **l'instauration du droit au répit**. Une personne qui vient en aide de manière régulière, à titre non professionnel, pour accomplir une partie ou la totalité des actes de la vie quotidienne d'une personne âgée en perte d'autonomie est considérée comme un proche aidant. Elle a droit à un répit, un temps de repos, intégré à l'APA ;
- l'accueil de la personne aidée dans un accueil de jour ou un hébergement temporaire pourra être financé jusqu'à **500 euros par an au-delà des plafonds de l'APA**. En cas d'hospitalisation d'un proche aidant qui ne peut être remplacé et dont la présence ou l'aide est indispensable à la vie à domicile, une aide ponctuelle pourra être accordée ;
- création, dans chaque département, d'une **conférence des financeurs de la prévention de la perte d'autonomie**, présidée par le président du conseil départemental et vice-présidée par le directeur général de l'agence régionale de santé. Elle réunit toutes les institutions impliquées dans la prévention : caisses de retraite, organismes régis par le Code de la mutualité, Agence nationale de l'habitat, etc. Elle adopte un programme coordonné de financement des actions de prévention, tant collectives qu'individuelles, pour toutes les personnes âgées de 60 ans et plus à revenus modestes ;
- les logements-foyers sont rebaptisés « **résidences-autonomie** » et modernisés ;
- le renforcement de la transparence et de **l'information sur les prix pratiqués en EHPAD** ;
- la réaffirmation des **droits et libertés des personnes âgées**. Les personnes âgées résidant dans des établissements médico-sociaux ou faisant appel à un service médico-social auront désormais la possibilité de désigner une personne de confiance quand elles rencontrent des difficultés dans la compréhension de leurs droits.

■ Le financement de ces mesures se fait par l'affectation à la CNSA (Caisse nationale de solidarité pour l'autonomie) d'une partie de la recette de la CASA (contribution additionnelle de solidarité pour l'autonomie), soit environ **700 millions d'euros par an**. Ce financement devrait permettre aux départements de couvrir les dépenses nouvelles liées à la mise en œuvre des mesures prévues par la loi.

58. Quelles sont les principales évolutions en matière de simplification administrative ?

■ Le décret du **26 décembre 2000** : suppression de la fourniture de justificatifs (fiches d'état civil, justificatifs de domicile, etc.) pour de nombreuses procédures.

■ Le décret du **1er janvier 2001** : suppression de la certification conforme à l'original des documents officiels.

■ La loi du **12 novembre 2013** :
- le silence de l'administration vaut dorénavant acceptation et non plus rejet (avec toutefois certaines exceptions) ;
- droit reconnu de saisir l'administration par voie électronique (SVE).

■ Le **1er janvier 2016** : le nouveau Code des relations entre le public et l'administration (CRPA) :
- obligation de l'administration de répondre à toutes les demandes des personnes physiques ou morales de droit privé ;
- abandon de l'obligation de fournir des justificatifs d'identité, de domicile, d'état civil, de situation familiale, de nationalité française pour faire des demandes ;
- « **Dites-le nous une fois** » : plus besoin de redonner des informations ou justificatifs déjà transmis préalablement à une administration ;
- obligation pour les administrations d'accuser réception des demandes par envoi postal ou électronique ;
- obligation de transparence sur l'identité de celui ou celle qui traite la demande.

■ Le décret du **20 octobre 2016** : toute personne peut faire une demande de document ou d'information en ligne auprès des administrations publiques.

■ Le programme « **Action publique 2022** », lancé en octobre 2017, avec notamment l'objectif de 100 % des démarches courantes et simples dématérialisées d'ici 2022.

■ La loi du **10 août 2018** pour un État au service d'une société de confiance :
- instauration du principe du « **droit à l'erreur** » : un usager qui se trompe dans ses déclarations à l'administration n'encourt pas de sanction lors de la première erreur si elle est commise de bonne foi ; c'est à l'administration de démontrer la mauvaise foi de l'usager ;
- pour faciliter le parcours des usagers, une expérimentation met en place **un référent unique**, chargé de faire traiter les demandes des usagers par les administrations concernées.

59. Quel est le rôle des NTIC dans la relation au citoyen-usager ?

■ L'utilisation des NTIC contribue au développement d'une plus grande transparence et d'une meilleure efficacité et efficience des collectivités et administrations publiques, dans la prise en compte des besoins de citoyens ; elle participe de la modernisation de l'action publique.

■ Les NTIC sont un facteur de décloisonnement des services.

■ Les NTIC contribuent à l'amélioration de la qualité d'accueil de l'administré : informatisation du courrier, pré-enregistrement des circuits administratifs des demandes les plus courantes pour gagner du temps dans la réponse ; création de portails Internet, de guichets uniques virtuels, sur lesquels peuvent être téléchargés des formulaires ; possibilité d'effectuer en ligne des formalités administratives (changement d'adresse, demande d'acte d'état civil, inscriptions en ligne, etc.). Elles poursuivent ainsi un objectif de simplicité, d'efficacité, d'accessibilité 24 h/24, de rapidité dans la délivrance de l'information ; elles permettent de diversifier les modes d'accueil en offrant aux citoyens une gamme d'accès complémentaires et diversifiés aux services administratifs ; c'est la **notion d'administration mobile**.

■ Les NTIC sont facteurs d'innovation dans l'interface citoyen, en développant de nouveaux services.

■ Les NTIC permettent de développer une administration de service au service des citoyens, en les associant aux débats politiques : blogs interactifs, réseaux sociaux qui participent de la démocratie participative, donc de l'e-démocratie de l'e-gouvernance. Grâce à Internet, les élus peuvent présenter des projets municipaux en ligne, réaliser des sondages en ligne auprès des administrés, recueillir les avis des citoyens et orienter leurs choix et leurs politiques.

60. Quelles sont les principales mesures législatives en faveur de l'égalité réelle et professionnelle entre les femmes et les hommes ?

■ L'article 1er de la Constitution de 1958 stipule que « la loi favorise l'égal accès des femmes et des hommes aux mandats électoraux et fonctions électives, ainsi qu'aux responsabilités professionnelles et sociales ».

■ La **première loi** sur l'égalité professionnelle entre les femmes et les hommes est votée en **1983**, sous l'impulsion d'Yvette Roudy, la première ministre des Droits des femmes en France, nommée par François Mitterrand ; avec l'instauration de la journée internationale des droits des femmes, le **8 mars de chaque année**.

■ Une autre avancée majeure vers l'égalité professionnelle entre les femmes et les hommes résulte de la **loi du 12 mars 2012**, dite loi Sauvadet, et de ses textes d'application, notamment un **décret d'avril 2012** :

- obligation de présenter, chaque année, **un rapport** devant le Conseil commun de la fonction publique (CCFP) et remis au Parlement, sur les mesures prises en faveur de l'égalité professionnelle, avec des données sur le recrutement, la féminisation des jurys, la formation, le temps de travail, la promotion professionnelle, les conditions de travail, la rémunération, etc. ;
- obligation de présenter, chaque année, un rapport devant les comités techniques des collectivités comprenant **des données « genrées »** comparant les conditions générales d'emploi et de formation des femmes et des hommes ;
- instauration d'un **quota obligatoire** de **40 % de femmes**, dans les instances consultatives de la fonction publique, dans les CAP, dans les jurys de concours. Ce quota de 40 % vaut aussi pour les **nominations dans les emplois dits « supérieurs » et de direction** de l'État, des collectivités/EPCI de plus de 80 000 habitants et de la fonction publique hospitalière ; cette obligation est effective depuis le 1er janvier 2018. Si cette règle n'est pas respectée, des pénalités sont appliquées : 90 000 euros par unité manquante ;
- la **facilitation de l'accès** des femmes et des hommes **au congé parental** après une naissance ou une adoption : par exemple, le congé parental est considéré comme service effectif pendant un an et pris en compte à 50 % les années suivantes ; conservation des droits à avancement d'échelon pendant la première année et prise en compte à 50 % les années suivantes ; réintégration de plein droit du fonctionnaire dans son emploi ou un emploi le plus proche de son dernier lieu de travail ou de son domicile.

■ Le **protocole d'accord du 8 mars 2013** valant dans les trois fonctions publiques, avec notamment une meilleure articulation entre la vie professionnelle et la vie personnelle et la prévention des violences faites aux agents sur leur lieu de travail.

■ La **loi du 4 août 2014** pour l'égalité réelle entre les femmes et les hommes, avec entre autres, les mesures suivantes :

- une garantie publique contre les impayés de pensions alimentaires, pour lutter contre le non-versement des pensions alimentaires ;

– la lutte contre les violences faites aux femmes, grâce au renforcement de l'ordonnance de protection et des infractions relatives au harcèlement ; priorité donnée à l'éviction du conjoint violent du domicile ;
– la généralisation du principe d'égal accès des femmes et des hommes aux responsabilités, notamment dans les fédérations sportives, les mutuelles, les commissions consultatives placées auprès du gouvernement, etc.

- La **loi du 8 août 2016**, dite loi El Khomri, qui prévoit la condamnation de tout agissement sexiste dans la fonction publique.

- La **circulaire du 22 décembre 2016** : faire du dialogue social un élément structurant pour parvenir à l'égalité professionnelle ; concevoir des organisations de travail au bénéfice de l'égalité professionnelle, par le déploiement du télétravail, par la mise en place de **chartes des temps**.

- La **loi du 3 août 2018** renforçant la **lutte contre les violences sexuelles et sexistes**, avec notamment les mesures suivantes :
– la création d'une infraction pour verbaliser le harcèlement de rue ;
– un délai de prescription à 30 ans pour les crimes sexuels commis sur mineurs ;
– la lutte contre les nouvelles formes d'agressions : « raids numériques » sur les réseaux sociaux, voyeurisme, drogue du viol.

- Le protocole d'accord du 30 novembre 2018 comprend 5 axes majeurs :
– renforcer la gouvernance des politiques d'égalité ;
– créer les conditions d'un égal accès aux métiers et responsabilités professionnelles ;
– supprimer les situations d'écarts de rémunération et de déroulement de carrière ;
– mieux accompagner les situations de grossesse, la parentalité et l'articulation des temps de vie professionnelle et personnelle ;
– renforcer la prévention et la lutte contre les violences sexuelles et sexistes.

61. Qu'est-ce que l'*open data* ?

■ L'expression *open data* a été utilisée pour la première fois en **1995** pour des données géophysiques et environnementales.

■ En France, c'est la **loi Cada de 1978 sur le droit d'accès aux documents administratifs** qui pose le principe que les données produites ou détenues par les administrations, dans le cadre de leurs missions de service public, **doivent être mises à disposition du public**, à l'exception des données personnelles.

■ L'*open data*, c'est le partage gratuit, libre d'accès, dans des formats ouverts et réutilisables, des données publiques, dans une logique de modernisation et de transparence de l'action publique.

■ L'*open data* est la première marche vers ce que l'on appelle « **l'administration comme une plateforme** » : exemple du site **data.gouv.fr** ; exemple de l'ouverture gratuite du répertoire SIRENE (Système informatique pour le répertoire des entreprises et des établissements) ; exemple du Répertoire opérationnel des métiers et des emplois (**Rome**).

■ Le **3 avril 2018**, le Gouvernement a présenté le **2e Plan d'action 2018-2020 de la France** en vue notamment de :

- promouvoir la transparence de l'action publique ;
- promouvoir l'ouverture des ressources numériques et l'innovation ouverte ;
- permettre aux citoyens ou aux entreprises de demander des ouvertures de données ;
- améliorer la qualité des données de data.gouv.fr et les lier entre elles (enrichir les métadonnées).

■ En **octobre 2018** est entrée en vigueur, parmi plusieurs dispositions prévues par la loi République numérique, celle portant sur l'ouverture par défaut des données des collectivités comptant plus de 3 500 habitants.

■ Au **printemps 2019**, le Premier ministre a annoncé que la **gratuité des données publiques sera « complète à horizon 2022 »**.

■ La France se situe au troisième rang en Europe pour l'ouverture des données publiques.

62. Qu'est-ce qu'un plan communal de sauvegarde (PCS) ?

■ Le maire est responsable de l'organisation des secours dans sa commune. La prévention des risques et l'information de la population relèvent de l'exercice de ses pouvoirs de police. Le CGCT impose ainsi au maire de prendre toutes les mesures destinées à assurer la protection de ses administrés. La **loi du 13 août 2004** relative **à la modernisation de la sécurité civile** définit le PCS et donne une assise législative à la réalisation des PCS.

■ Le PCS regroupe l'ensemble des documents de compétence communale contribuant à l'information préventive et à la protection de la population en cas de survenance d'une catastrophe majeure, d'un phénomène climatique ou de tout autre événement de sécurité civile ; il détermine en fonction des risques connus :

- les mesures immédiates de sauvegarde et de protection des personnes ;
- il fixe l'organisation nécessaire à la diffusion de l'alerte et des consignes de sécurité ;
- il recense les moyens disponibles (ravitaillement, modalités d'évacuation, hébergement en lieu sûr de la population, etc.) et définit la mise en œuvre des mesures d'accompagnement et de soutien de la population, ainsi que la répartition des tâches entre les différents acteurs.

■ Le PCS est un **outil opérationnel de gestion locale de la sécurité des citoyens**.

63. Quels sont les principaux outils d'urbanisme réglementaire à disposition du maire ?

■ Depuis la **loi du 7 janvier 1983**, les communes sont compétentes en matière de gestion et de respect des règles d'urbanisme. Elles doivent notamment décider du contenu de la réglementation locale d'urbanisme (plans locaux d'urbanisme). Elles sont également compétentes pour déclencher la plupart des opérations.

■ La **loi du 13 décembre 2000** relative à la solidarité et au renouvellement urbains **(SRU)** a modifié certaines règles de l'urbanisme local.

■ La première règle concerne le **règlement national d'urbanisme (RNU)** qui comprend des règles générales sur l'aménagement et la constructibilité permettant de déterminer la faisabilité d'un projet.

■ Autre outil, la **carte communale** : c'est un document d'urbanisme simple, destiné aux communes – souvent des communes rurales – qui n'ont pas de PLU, qui précise les modalités d'application des règles générales d'urbanisme. Elle comprend un rapport de présentation et un document graphique, seul opposable aux tiers, qui délimite les secteurs où les constructions sont autorisées et les secteurs non constructibles où seules peuvent être admises l'adaptation, la réfection ou l'extension des constructions existantes, les constructions et installations nécessaires à des équipements collectifs, à l'exploitation agricole ou forestière et à la mise en valeur des ressources naturelles. Elle précise le cas échéant qu'un secteur est réservé à l'implantation d'activités, notamment celles incompatibles avec le voisinage des zones habitées. Elle est élaborée à l'initiative de la commune et approuvée après enquête publique, conjointement par la commune et l'État.

■ Autre outil, le **PLU** : depuis la loi SRU, le **PLU remplace le POS**. C'est l'outil de planification à l'échelle de la commune. À partir d'un diagnostic, le PLU définit le projet d'aménagement et de développement durable de la commune et donne un cadre de cohérence des différentes actions d'aménagement tout en précisant le droit des sols. Cela se traduit par **trois documents spécifiques** :

– un **projet d'aménagement et de développement durable (PADD)** qui présente le projet communal en matière d'aménagement, d'équipement, d'urbanisme, de protection des espaces naturels, agricoles et forestiers ;

– des **orientations d'aménagement et de programmation**, qui précisent les conditions d'aménagement des quartiers : actions pour répondre aux besoins de logements, pour favoriser le renouvellement urbain, etc. ;

– un **règlement et des documents graphiques** qui délimitent les zones et définissent les règles applicables (quatre types de zones : urbaines, à urbaniser, agricoles et naturelles).

■ Le PLU doit être compatible avec le SCOT (schéma de cohérence territoriale).

■ Conformément à la **loi du 24 mars 2014 pour l'accès au logement et un urbanisme rénové** dite loi **ALUR**, l'élaboration du PLU a été automatiquement transférée, depuis le 27 mars 2017, à l'EPCI (communautés de communes et communautés d'agglomération existantes au 24 mars 2014 ou créées après cette date, ou issues d'une fusion), sauf opposition de 25 % des communes représentant 20 % de la population.

■ Pour répondre aux enjeux actuels d'aménagement des territoires, un **décret relatif à la modernisation** du contenu du plan local d'urbanisme est paru le **29 décembre 2015**, avec une entrée en vigueur au 1er janvier 2016. Ce texte résulte d'une concertation avec les professionnels et les collectivités.

Son enjeu principal est de répondre à un **besoin général de clarification**, de **mise en cohérence et de lisibilité** des règles d'urbanisme, pour en faciliter l'utilisation et la traduction opérationnelle. Ce décret traduit des objectifs structurants auxquels doit répondre le PLU :

- le renforcement de la mixité fonctionnelle et sociale ;
- la maîtrise de la ressource foncière et la lutte contre l'étalement urbain ;
- la préservation et la mise en valeur du patrimoine environnemental, paysager et architectural.

64. Qu'entend-on par « financements croisés » ?

■ Les « financements croisés » correspondent à l'intervention financière cumulée de plusieurs personnes publiques sur une même opération publique.

■ La **loi du 16 décembre 2010** portant réforme des collectivités territoriales reporte à 2015 la réforme des financements croisés avec la définition de schémas d'organisation et de mutualisation des moyens.

■ Le **décret du 7 mai 2012** encadre le régime des interventions financières des collectivités territoriales et de leurs groupements : « toute collectivité territoriale ou tout groupement de collectivités territoriales, maître d'ouvrage d'une opération d'investissement, assure une participation minimale au financement de ce projet ». L'objectif de cette mesure est de « limiter la pratique des financements croisés, de mieux responsabiliser les collectivités initiatrices de projets d'investissement et de contribuer à la maîtrise de la dépense publique locale ».

■ Ainsi, un seuil minimum de participation de la collectivité maître d'ouvrage au financement de son projet a été fixé à **20 % du montant total des financements** apportés par des personnes publiques à ce projet. Les financements croisés sont donc encadrés à hauteur de **80 %**.

■ La loi a prévu **trois exceptions** à la règle de la participation minimale de 20 % : pour les opérations réalisées dans le cadre du programme national de rénovation urbaine ; sur dérogation préfectorale, pour la rénovation des monuments protégés et pour les investissements destinés à réparer les dégâts des calamités naturelles.

■ Toutefois, le cadre actuel des financements croisés a évolué avec la loi NOTRe, du fait de la suppression de la clause de compétence générale et la redéfinition des compétences et des périmètres d'intervention de chaque échelon territorial.

65. Qu'est-ce qu'une obligation verte ?

■ Une obligation verte (*green bond* en anglais) est un **emprunt** émis sur le marché par une entreprise ou une entité publique auprès d'investisseurs afin de pouvoir **financer des projets contribuant à la transition écologique**, tels des énergies renouvelables, des transports propres, des logements plus efficaces énergétiquement et plus particulièrement les investissements en infrastructures.

Cela oblige à un **reporting détaillé sur les investissements** ainsi financés, afin de suivre l'avancement des projets.

■ Les collectivités, surtout celles de taille importante, développent ce type de démarche pour communiquer sur leur stratégie environnementale et cibler des investisseurs éthiques qui intègrent déjà des critères environnementaux, sociaux et de gouvernance : à titre d'exemple, les régions Ile-de-France, Paca, Hauts-de-France, le département de l'Essonne ont adopté cette nouvelle source de financement de leurs investissements.

■ Les obligations vertes sont **un levier important pour le financement de la transition énergétique et écologique**.

■ Début **janvier 2017**, l'Agence France trésor (AFT) a lancé la première obligation verte (OAT verte) de la France, pour un montant de **7 milliards d'euros**. Cette obligation verte cible des dépenses du budget de l'État liées à la lutte contre les changements climatiques, l'adaptation aux changements climatiques, la protection de la biodiversité et la lutte contre la pollution.

66. Qu'est-ce qu'un emploi fonctionnel ?

■ Un emploi fonctionnel est un emploi permanent de direction créé par délibération de l'organe délibérant.

■ Les emplois fonctionnels ne peuvent être créés qu'en respectant des **seuils démographiques**.

■ Deux décrets du 30 décembre 1987 et du 9 février 1990 organisent l'accès aux emplois fonctionnels administratifs et techniques.

■ Les emplois fonctionnels recouvrent principalement les postes de directeur général (commune d'au moins 2 000 habitants ou EPCI de 10 000 habitants au moins), de directeur général adjoint (communes d'au moins 10 000 habitants ou EPCI de 20 000 habitants au moins), de directeur ou directeur général des services techniques (commune d'au moins 10 000 habitants).

■ Les agents publics occupant un emploi fonctionnel **sont nommés soit par détachement – procédure de droit commun –, soit par recrutement direct** dans les communes et établissements de plus de 80 000 habitants, en qualité d'agent non titulaire, en tenant compte de conditions de diplômes ou de capacités.

■ **Seuls peuvent être détachés les fonctionnaires de catégorie A titulaires d'un grade.**

■ Les emplois de direction générale incarnent la permanence de l'action publique. Ils sont le relais des décisions des élus et en premier de l'autorité territoriale qui les choisit librement. Ces spécificités expliquent le statut particulier de ces agents, marqué à la fois par une certaine précarité de leurs fonctions et une situation matérielle plus favorable.

■ Le directeur général dirige l'ensemble des services et en coordonne l'organisation sous l'autorité du maire ou du président. Il est secondé, le cas échéant, par un ou plusieurs directeur(s) général(aux) adjoint(s). Le directeur des services techniques est placé sous l'autorité du directeur général ou du directeur général adjoint. Il dirige l'ensemble des services techniques dont il coordonne l'organisation.

■ Le détachement d'un fonctionnaire sur emploi fonctionnel peut ne pas être renouvelé à son terme par l'autorité compétente de l'organisme d'accueil, voire peut être rompu de manière anticipée, pour tout motif tiré de l'intérêt du service (réorganisation des services, difficulté d'intégration, etc.) ou de la perte de confiance de l'autorité territoriale.

■ La décision de fin de détachement sur emploi fonctionnel ne peut pas intervenir dans les 6 mois qui suivent la nomination dans l'emploi fonctionnel ou la désignation de l'autorité territoriale (le maire ou le président) par l'organe délibérant (même en cas de réélection).

67. Qu'est-ce que la mise sous tutelle d'une collectivité territoriale ?

■ Le budget de toute collectivité territoriale doit être voté en équilibre, les recettes comme les dépenses doivent donc être évaluées sincèrement. Tout déficit budgétaire est donc interdit.

■ Pour assurer le respect de l'équilibre budgétaire, la procédure dite de contrôle budgétaire est prévue et peut – via le préfet – amener à l'intervention de la chambre régionale des comptes (CRC).

■ Ainsi, si l'examen de l'exécution du budget d'une année N révèle un important déficit, supérieur ou égal à 5 % des recettes de la section de fonctionnement, le préfet, qui assure le contrôle de légalité des actes municipaux, va saisir la CRC, dont la mission est de proposer au maire un plan pour revenir à l'équilibre budgétaire.

■ L'assemblée délibérante doit préparer le budget primitif de l'année N + 1, en tenant compte des recommandations de la CRC. Le préfet transmet à cette dernière une copie de ce budget. Soit l'assemblée délibérante a tenu compte des recommandations de la CRC et tout rentre dans l'ordre, soit l'assemblée délibérante n'en a pas tenu compte, ou pas assez, et alors s'enclenche le processus de mise sous tutelle préfectorale : la CRC confie au préfet le soin d'appliquer ses recommandations pour régler et rendre exécutoire le budget de la collectivité concernée.

■ On parle de mise sous tutelle, car **l'exécution du budget n'est plus du ressort de l'organe exécutif, mais du préfet.**

■ Dans l'hypothèse d'un déficit grave, les préfets peuvent prendre le contrôle des opérations et imposer des mesures drastiques, notamment des hausses d'impôt ou des réductions des dépenses de fonctionnement, notamment des dépenses de personnel ou des subventions aux associations.

68. Qu'est-ce qu'un marché de partenariat ?

■ Le marché de partenariat est la nouvelle dénomination des « anciens » contrats de partenariat. **L'ordonnance du 23 juillet 2015** fait, en effet, entrer les contrats de partenariat (créés en 2004) dans le régime général des marchés publics et en modifie l'appellation. L'objectif est **la relance de l'investissement**.

■ Le marché de partenariat permet à une personne publique de confier à un opérateur économique ou à un groupement d'opérateurs économiques une mission globale ayant pour objet la « construction, la conception, la transformation, la rénovation, le démantèlement ou la destruction d'ouvrages, d'équipements ou de biens immatériels nécessaires au service public ou à l'exercice d'une mission d'intérêt général, ainsi que « tout ou partie de leur financement ». La mission globale fait donc l'objet d'un financement, la maîtrise d'ouvrage est également privée.

■ Le recours à un marché de partenariat est soumis à une **démarche d'évaluation préalable** (mode de réalisation du projet) ainsi qu'à une étude de soutenabilité budgétaire.

■ Le recours à un marché de partenariat se fait à partir de certains seuils et sous réserve d'atteindre des objectifs chiffrés de performance énergétique :

- **2 millions** d'euros HT (biens immatériels, systèmes d'information ou équipements) ;
- **5 millions** d'euros HT (ouvrages d'infrastructure de réseau et ouvrages bâtimentaires sans mission d'exploitation-maintenance…) ;
- **10 millions** d'euros HT (dans les autres cas).

69. Quelles sont les règles qu'une collectivité territoriale doit observer en matière de subventionnement des associations ?

■ Une subvention, dont il n'existe pas de définition légale, correspond à une aide financière attribuée de façon unilatérale et discrétionnaire, par une collectivité territoriale en vue de financer une œuvre d'intérêt public.

■ Le cadre est posé par **le CGCT et la loi du 12 avril 2000** qui entend professionnaliser les relations des collectivités avec les associations.

■ Une subvention ne peut être versée qu'à une association ayant un objet et une activité présentant un **intérêt public local** ; la subvention peut être de fonctionnement (couvrir les charges et frais divers) ou d'investissement.

■ Une association religieuse ne peut pas recevoir de subventions pour couvrir ses frais relatifs à l'exercice du culte.

■ Une association doit constituer un dossier de demande de subvention.

■ Pour toute subvention **supérieure à 23 000 euros**, la collectivité doit signer une convention d'objectif avec l'association concernée qui spécifie les engagements mutuels et donc sécuriser le partenariat. C'est un élément de stabilité. En contrepartie, ladite association doit produire un compte financier certifié, attestant de la conformité des dépenses effectuées à l'objet de la subvention, dans les six mois qui suivent la fin de l'exercice de l'année d'attribution.

■ De plus, quand une subvention est accordée à une dépense prédéterminée, l'association doit fournir un compte-rendu financier attestant de la conformité des dépenses effectuées à l'objet de la subvention.

■ Toute association, ayant obtenu une subvention annuellement supérieure à 23 000 euros, doit déposer en préfecture ses comptes, la convention signée avec la collectivité.

■ Les associations dont le montant total des subventions atteint 153 000 euros au cours d'une même année doivent publier leurs comptes annuels dans les trois mois qui suivent leur approbation ; l'intervention préalable d'un commissaire aux comptes est obligatoire.

■ Tous ces éléments sont également communicables aux administrés qui en font la demande (loi du 17 juillet 1978).

■ **Pour les élus, il importe d'être vigilant sur leur niveau d'implication** dans une association subventionnée : si un élu, directement ou indirectement, siège dans les organes décisionnels d'une association subventionnée, il importe qu'il ne participe pas aux travaux d'instruction, aux séances des commissions, ni aux délibérations de l'assemblée délibérante de la collectivité, amenée à se prononcer sur la conclusion d'une convention, sur le vote des subventions (notion de prise illégale d'intérêt).

70. Qu'est-ce que la politique de la ville ?

■ La politique de la ville a été commencée, il y a plus de 30 ans, avec l'émergence du « problème des banlieues ». Elle a pour objectif principal de **réduire les inégalités sociales**, les **écarts de développement entre les territoires**, de **favoriser la cohésion sociale et de restaurer l'égalité républicaine**, en développant une intervention publique renforcée dans des quartiers urbains défavorisés.

■ La politique de la ville a évolué dans le temps et a été réformée, de façon significative, par la **loi du 21 février 2014 de programmation pour la ville et la cohésion urbaine**, dite **loi Lamy**. Les principales nouveautés en résultant sont les suivantes :

- une géographie prioritaire resserrée : on **passe à 1 514 quartiers**, soit **5,5 millions d'habitants** concernés ; pour identifier les quartiers prioritaires de cette politique, un critère unique a été retenu, le **revenu des habitants ;**
- une gouvernance incombant désormais à l'**intercommunalité** ;
- un **contrat de ville unique et global** regroupant le volet urbain et le volet social ;
- une **participation renforcée des habitants** dans l'élaboration et la mise en œuvre du contrat de ville, avec la création des **conseils citoyens** autonomes, indépendants des pouvoirs publics ;
- un nouveau programme national de renouvellement urbain (**NPNRU**), sur 10 ans (2014-2024), à hauteur de **6 milliards d'euros** piloté par **l'ANRU**, pour 238 quartiers, **15 autres milliards** étant mobilisés par les collectivités et les bailleurs.

■ En **juillet 2018**, le Gouvernement a adopté une **feuille de route de la mobilisation nationale pour les habitants des quartiers**.

Dans ce cadre, a été signé **le pacte de Dijon** entre l'Assemblée des communautés de France (AdCF), France Urbaine (**86 grandes villes et intercommunalités**) et le Premier ministre. C'est une nouvelle méthode de travail entre les collectivités et les services de l'État, pour adapter l'action publique à chaque territoire et clarifier les responsabilités et engagements prioritaires respectifs.

Le pacte de Dijon prévoit des engagements conjoints dans **six domaines d'action prioritaires** :

- le logement et la rénovation urbaine, le cadre de vie et la sécurité ;
- l'éducation et la culture ;
- l'emploi et l'insertion professionnelle ;
- le développement économique et l'excellence numérique ;
- le lien social ;
- la santé.

■ Le **13 juin 2019**, un an après le lancement de cette feuille de route, le ministre chargé de la ville et du logement a décidé d'aller plus loin en constituant la « **Grande équipe de la réussite républicaine** ». Elle rassemble habitants, élus, associations, administrations de l'État, entreprises, pour déployer encore plus de solutions pour la réussite républicaine dans les quartiers populaires.

■ Entre **mai 2018 et avril 2019**, l'ANRU et ses partenaires ont validé 50 % des projets du NPNRU.

En application de la **loi Elan** de novembre 2018, la gouvernance de l'ANRU a été modifiée, par un décret de mai 2019 : son conseil d'administration passe **de 36** à **18 membres**, avec un collège de **six représentants des collectivités territoriales, des parlementaires et des personnalités qualifiées.**

71. Quelles sont les principales mesures de la loi d'orientation sur les mobilités (LOM) ?

- L'objectif de la loi est d'améliorer les déplacements au quotidien pour tous les citoyens et dans tous les territoires : des transports plus accessibles, moins coûteux et plus propres.

- Les principales mesures sont les suivantes :
  - une programmation de **13,4 milliards d'euros d'investissements** au service des déplacements du quotidien ;
  - la création d'un forfait mobilité durable jusqu'à 400 euros par an pour les salariés venant au travail en covoiturage ou à vélo ;
  - la possibilité donnée aux territoires d'assouplir la mise en œuvre de la limitation de vitesse à 80 km/h ;
  - la régulation de l'usage des moyens de déplacements personnels électriques, telles les trottinettes ;
  - le déploiement de zones à faibles émissions dans les agglomérations souffrant de la pollution de l'air ;
  - la réduction du coût et des délais d'accès au permis de conduire…

72. Qu'est-ce qu'un ratio d'avancement ?

■ Un ratio d'avancement, c'est le taux de promotion applicable au nombre de fonctionnaires appartenant à un cadre d'emplois pouvant être promus, sous réserve de remplir les conditions d'ancienneté permettant de prétendre à l'avancement de grade, à l'un des grades d'avancement dudit cadre d'emplois.

■ Un ratio d'avancement est donc le rapport entre le nombre d'agents qui peuvent être promus et le nombre d'agents qui remplissent les conditions statutaires (ancienneté de services effectifs, classement à un échelon minimum, examen professionnel, etc.).

■ D'une manière générale les ratios sont déterminés en fonction : du nombre des agents promouvables, de la pyramide du cadre d'emplois (nombre des agents sur les grades d'avancement), de la taille de la collectivité, des politiques budgétaires en matière de ressources humaines. Ils sont compris entre 0 et 100 %. Ainsi, un ratio à 100 % permet, si l'autorité territoriale le souhaite, de nommer l'ensemble des agents promouvables.

■ Le taux de promotion est **fixé par l'assemblée délibérante, à sa libre appréciation**, après avis du comité technique. Ces taux sont applicables à tous les fonctionnaires de catégories A, B et C, excepté les membres du cadre d'emplois des agents de police municipale et les cadres d'emplois de catégorie B réformés pour lesquels un quota est instauré.

■ Une fois que la collectivité s'est dotée d'une délibération fixant les ratios d'avancement de grade, l'autorité territoriale peut, après avis de la CAP, prononcer dans les limites que cette délibération lui fixe, les avancements de grade des fonctionnaires choisis.

L'ENVIRONNEMENT PROFESSIONNEL

73. Qu'est-ce que le fonds de péréquation intercommunal et communal ?

■ La péréquation est un **mécanisme de redistribution visant à réduire les écarts de richesse, et donc favoriser l'égalité entre les collectivités territoriales.**

■ **On distingue deux mécanismes** de péréquation :

- la péréquation horizontale : elle s'effectue entre les collectivités territoriales, elle vise à attribuer aux collectivités défavorisées une partie des ressources des collectivités les plus riches ; il s'agit de prélever une fraction des ressources fiscales de certaines collectivités pour la reverser à des collectivités moins favorisées ;
- la péréquation verticale : elle est assurée par les dotations de l'État aux collectivités. La dotation globale de fonctionnement en est le principal instrument.

■ Face à la réduction des dotations de l'État aux collectivités, il est prévu de développer la péréquation horizontale avec le nouveau **Fonds national de péréquation des ressources communales et intercommunales (FPIC)**, qui s'élevait à 360 millions en 2013 et devrait atteindre 1 270 millions en 2016.

■ Mis en place en 2012, c'est le premier mécanisme national de péréquation horizontale pour le secteur communal. Il consiste à prélever une partie des ressources de certaines intercommunalités et communes, dont le **potentiel financier agrégé** est supérieur à un certain seuil, pour la reverser à des intercommunalités et communes moins favorisées. Le **potentiel financier agrégé** est un nouveau critère d'évaluation de la richesse de l'EPCI et de ses communes membres.

■ Une fois le prélèvement ou le reversement calculé au niveau d'un ensemble intercommunal, celui-ci va être réparti, dans un premier temps entre l'EPCI et l'ensemble de ses communes membres et dans un second temps entre les communes membres.

■ Ce fonds, dont le montant était de 150 millions en 2012, devrait être supérieur à **1 milliard d'euros en 2016**.

74. Qu'est-ce que la CET ?

■ La taxe professionnelle sur les équipements et biens mobiliers (TP), à laquelle étaient soumises les entreprises, a été supprimée le **1er janvier 2010**.

■ Elle a été remplacée par la **contribution économique territoriale** (CET), qui devient ainsi la **première imposition locale des entreprises**.

■ Elle est composée de **deux parties** :

– d'une cotisation foncière des entreprises **(CFE)**, assise sur les valeurs locatives foncières dont le taux est déterminé par les communes ou les EPCI, qui est collectée au seul profit des communes et de leurs groupements ;

– d'une cotisation sur la valeur ajoutée des entreprises **(CVAE)**, partagée entre les différents niveaux de collectivités (25 % pour les communes et leurs groupements, 25 % pour les régions, 50 % pour les départements). Son taux est fixé nationalement selon un barème progressif en fonction du chiffre d'affaires des entreprises. La CVAE est due uniquement par les entreprises, ou personnes exerçant une activité professionnelle non salariée, qui réalisent **plus de 500 000 euros de chiffre d'affaires HT**.

■ En 2017, le produit de la **CFE** s'est élevé à **7,67 milliards d'euros** et celui de la **CVAE** à **17,58 milliards d'euros**.

■ **L'objectif de cette réforme :** lever un des principaux obstacles à l'investissement et soutenir l'emploi, notamment dans les industries et les PME ; remplacer un impôt antiéconomique et à l'assiette déclinante par des prélèvements modernes et dynamiques, en garantissant le niveau de ressources de chaque collectivité.

75. Que signifie pour vous le principe d'égal accès aux emplois publics ?

■ Certains principes régissant la fonction publique ont une **valeur constitutionnelle**. C'est le cas du principe d'égal accès aux emplois publics qui trouve sa source dans l'article 6 de la Déclaration des droits de l'homme et du citoyen.

■ Cet article dispose que « tous les citoyens [...] sont également admissibles à toutes dignités, places et emplois publics selon leurs capacités ; sans autre distinction que celle de leurs vertus et de leurs talents ». Il interdit toute discrimination fondée notamment sur l'ethnie, la race, l'état de santé, le handicap, les croyances, les philosophies ou les opinions, le sexe.

■ L'administration a ainsi l'obligation de vérifier l'aptitude à l'emploi au moyen de procédures formalisées permettant à chacun l'accès aux emplois publics et organisant une sélection sur la base de **critères objectifs de compétences**. Ce principe fonde notamment l'organisation du **recrutement par la voie du concours** pour l'accès aux emplois qualifiés de la fonction publique.

■ La mise en œuvre de ce principe se concrétise également dans l'**organisation de la carrière** des fonctionnaires, notamment par :

- le **principe de séparation du grade et de l'emploi** : il garantit aux fonctionnaires le maintien de leur statut et les protège ainsi d'un éventuel arbitraire de l'administration ; la gestion des fonctionnaires s'effectue selon le principe de la carrière ; le fonctionnaire est « propriétaire » de son grade et non de son emploi ;
- des **règles de déroulement de carrière** organisées par les textes offrant des garanties de progression de carrière, pour partie indépendantes de choix subjectifs de l'administration.

76. Que savez-vous de la démarche « France Mobilités » ?

■ France Mobilités est une initiative du ministère chargé des transports, lancée en 2018, pour faciliter l'innovation dans la mobilité. C'est le **complément opérationnel de la loi d'orientation des mobilités.**

■ C'est une **communauté ouverte à tous les acteurs de la mobilité** : entreprises de transport, start-up, collectivités, fonds d'investissement, organismes de formation, associations, etc. Cette démarche de coconstruction, vise à créer un environnement propice au développement de nouvelles mobilités, pour les voyageurs et les marchandises, en proposant des solutions concrètes et opérationnelles.

■ Le plan d'action de la démarche France Mobilités repose sur **deux objectifs** et **six axes prioritaires.**

Les **deux objectifs** sont les suivants :

- créer une communauté d'acteurs jouant un rôle dans les mobilités ;
- faciliter les expérimentations puis le déploiement, à plus grande échelle, de solutions innovantes de mobilité, dans tous les territoires, particulièrement en zones rurales et périurbaines.

Les **six axes** prioritaires sont les suivants :

- la nomination d'un **facilitateur France Mobilités** pour faciliter le parcours des porteurs de projets innovants dans les administrations, les orienter vers les bons interlocuteurs (rôle d'animation de la communauté de l'innovation) ;
- la mise en place d'une **plateforme collaborative** : partager les bonnes pratiques, les retours d'expériences ; favoriser le déploiement de solutions innovantes de mobilité pour les territoires et en faciliter le développement commercial ;
- **l'appui à l'ingénierie des solutions de mobilité** dans les territoires peu denses : lancement, avec l'ADEME notamment, de l'appel à projets France Mobilités-Territoires d'expérimentation de nouvelles mobilités durables (**TENMOD**) ;
- création d'une **culture commune innovation et mobilité :** cycles de rencontres et de formations pour porter la culture de l'innovation ; création de labellisations France Mobilités ;
- l'appropriation systématique de l'achat innovant par l'ensemble des administrations publiques : marché de recherche, dialogue compétitif, partenariat d'innovation, etc. ;
- **orienter les financements en soutien de l'innovation** dans les mobilités.

77. Qu'est-ce qu'une opération de revitalisation de territoire (ORT) ?

■ L'opération de revitalisation de territoire (ORT) est un **outil nouveau** créé par la loi portant évolution du logement, de l'aménagement et du numérique, dite **loi Elan** du 23 novembre 2018.

L'ORT est un outil opérationnel, permettant aux collectivités/EPCI de mettre en œuvre un projet de territoire dans les domaines urbain, économique et social, afin de **lutter en priorité contre la dévitalisation des centres-villes**.

L'ORT permet de renforcer l'attractivité commerciale en centre-ville et de mieux maîtriser le foncier, notamment par le renforcement du droit de préemption.

■ L'ORT se traduit concrètement par une **convention** signée entre l'intercommunalité, sa ville principale, d'autres communes membres volontaires, l'État et ses établissements publics. Toute personne publique ou privée susceptible d'apporter son soutien ou de prendre part à des opérations prévues par le contrat peut également la signer. Elle est donc pilotée, de façon conjointe, par l'EPCI et sa ville principale.

Cette convention contient les éléments suivants :

- la durée (au moins cinq ans) ;
- le secteur d'intervention comprenant obligatoirement le centre de la ville principale ;
- le contenu et le calendrier des actions prévues, notamment en termes d'amélioration de l'habitat ;
- le plan de financement des actions prévues ;
- un comité de pilotage local associant l'ensemble des partenaires publics et privés concernés.

■ Les 222 territoires du programme national « Action cœur de ville » peuvent transformer leur convention déjà signée en convention ORT.

La mise en place de l'ORT sera également facilitée pour les 53 communes lauréates de l'AMI centre-bourg, les villes bénéficiant du nouveau programme national de renouvellement urbain (NPNRU) et du programme national de requalification des quartiers anciens dégradés (PNRQAD).

78. Quelles sont les différentes formes de responsabilité de l'administration ?

■ L'administration représentant l'intérêt général, elle a été pendant très longtemps exempte de toute responsabilité. Ceci change à partir de la fin du XIXe siècle (arrêt *Blanco* du Tribunal des Conflits de 1873). La responsabilité de l'administration peut désormais être engagée en cas de dommages causés aux usagers du service public ou aux tiers, selon des règles propres aux services publics et en cas de faute lourde, c'est-à-dire d'une gravité particulière.

■ Depuis, le régime de responsabilité de l'administration a fortement évolué. L'administration est **soumise au principe de responsabilité** : elle doit réparer les dommages qu'elle cause. Ce principe peut prendre **deux formes principales : la responsabilité contractuelle** et **la responsabilité extracontractuelle**.

■ **La responsabilité contractuelle** concerne les relations de l'administration et des personnes signataires d'un contrat avec elle (cocontractants). Si l'administration, ou son cocontractant, n'exécute pas les obligations prévues au contrat, l'autre partie peut saisir le juge afin d'obtenir réparation à ces manquements contractuels.

■ **La responsabilité extracontractuelle** s'applique dans les cas suivants :

– Une responsabilité **pour faute** : il appartient à la victime de démontrer la faute de l'administration ; cette faute peut être **simple ou lourde**. En principe, une faute simple suffit aujourd'hui à engager la responsabilité de l'administration, mais dans certains cas une faute lourde demeure exigée.

– La responsabilité **sans faute** : il suffit à la victime de prouver que le dommage causé est en lien avec une activité de l'administration, sans pour autant que celle-ci ait commis une faute. Quand la responsabilité est sans faute, elle peut être de **deux types** :

• soit « **pour risque** » : dommages liés à l'utilisation de matériels dangereux tels des explosifs, à des risques subis par les agents pendant leur service ;

• soit pour « **rupture d'égalité devant les charges publiques** » du fait d'une loi ou d'une décision légale de l'administration. Par exemple, les autorités administratives refusent de faire exécuter par la force un jugement, parce qu'il peut entraîner une menace à l'ordre public : un juge a ordonné l'expulsion d'occupants sans titre d'un logement ou d'une usine et l'administration refuse de recourir à la force publique pour l'exécution de la décision de justice. L'abstention de la puissance publique crée un préjudice pour le propriétaire dont le droit a pourtant été reconnu par le juge mais il n'y a pas de faute de l'administration, celle-ci se comportant ainsi pour éviter des troubles. Le propriétaire sera indemnisé car il n'a pas à supporter les exigences de l'intérêt général.

79. Que savez-vous du harcèlement moral dans la fonction publique ?

■ **L'article 6 quinquiès de la loi n° 83-634 du 13 juillet 1983** portant droits et obligations des fonctionnaires définit le harcèlement moral dans la fonction publique : « aucun fonctionnaire ne doit subir les agissements répétés de harcèlement moral qui ont pour objet ou pour effet une dégradation des conditions de travail susceptible de porter atteinte à ses droits et à sa dignité, d'altérer sa santé physique ou mentale ou de compromettre son avenir professionnel ».

Cette notion a été introduite dans le statut général des fonctionnaires par **la loi du 17 janvier 2002 de modernisation sociale**.

La **loi du 6 août 2012** renforce le dispositif législatif de protection de l'agent victime de harcèlement moral en alourdissant les sanctions encourues pour ces agissements.

■ Plusieurs conditions sont requises pour qualifier une situation de harcèlement moral :

- il faut **démontrer des agissements répétés** de harcèlement : comme rappelé par la **circulaire du 4 mars 2014** relative à la lutte contre le harcèlement dans la fonction publique, « un acte pris isolément, même grave, ne peut être qualifié de harcèlement moral » ;
- il faut justifier d'une **dégradation des conditions de travail**, susceptible de porter atteinte aux droits de l'agent, à sa dignité, d'altérer sa santé physique ou mentale ou de compromettre son avenir professionnel.

■ Le harcèlement moral peut ouvrir droit à la **protection fonctionnelle**. L'administration doit alors mettre en œuvre sans délai tous les moyens pour faire cesser les agissements de harcèlement, notamment en engageant des poursuites disciplinaires à l'encontre de l'auteur du harcèlement, en rétablissant l'agent dans ses droits au sein de son service, s'il en a été privé par l'effet des actes de harcèlement, en réparant le préjudice intégral de l'agent, qu'il soit matériel, corporel ou moral.

80. Qu'est-ce que le financement participatif ?

■ Le financement participatif (*crowdfunding* en anglais) désigne un échange de fonds entre personnes, **en dehors des circuits financiers institutionnels traditionnels**.

L'appel de fonds se fait à partir de la description d'un projet précis (artistique, culturel, humanitaire, entrepreneurial…), au moyen d'une **plateforme en ligne** permettant de recueillir de nombreux petits apports.

Le financement participatif fait partie de la **finance alternative** (avec notamment les néobanques, les banques en ligne).

■ Le financement peut prendre la forme d'un **don**, d'un **prêt avec ou sans intérêts**, ou encore d'un **investissement en capital**.

■ La finance alternative a affiché une **croissance de 39 %** entre 2017 et 2018.

En 2015, les montants collectés via la finance alternative s'élevaient à **297 millions d'euros**, contre **1,4 milliard d'euros en 2018**.

S'agissant plus particulièrement du financement participatif, depuis 2013, la collecte de fonds auprès des particuliers par les plateformes a été multipliée par plus de onze, passant de **36 millions d'euros en 2013 à 402 millions d'euros en 2018**.

En 2018, 34 000 projets ont ainsi été financés.

81. Que savez-vous des « déserts médicaux » en France ?

■ La France, avec **3,4 médecins pour 1 000 habitants**, se situe dans la moyenne de l'OCDE. 97 % de la population se trouve **à moins de dix minutes en voiture** d'un médecin généraliste.

■ La question de **l'accès aux soins** est toutefois de plus en plus prégnante dans le débat public. Il est préférable de **parler d'inégalités d'accès aux soins** plutôt que de désert médical, notion pour laquelle il n'y a pas de définition.

On peut dire que c'est le fait d'avoir un très faible accès aux médecins généralistes et spécialistes, de se trouver très éloigné des urgences, de n'avoir aucune pharmacie à proximité ; c'est ce qui correspond à une **difficulté d'accès à un « premier recours primordial** », d'être confronté à des délais d'attente importants pour consulter un spécialiste.

■ Selon la DREES (Direction de la recherche, des études, de l'évaluation et des statistiques du ministère des Solidarités et de la Santé), un peu **plus de 8 % de la population française** vivait dans un « désert médical » en 2017. Ceci concerne **18 % du territoire**.

Ceci peut s'expliquer par les facteurs suivants :

- la baisse du nombre des médecins généralistes et des spécialistes de premier recours depuis 2010 et ce, jusqu'en 2025 ;
- la mauvaise répartition géographique de certaines professions ;
- une diminution du temps de travail moyen des médecins de toutes spécialités.

■ En **novembre 2018**, le Gouvernement a présenté la nouvelle **stratégie nationale de santé, « Ma santé 2022 »**, qui comprend de nouvelles mesures pour corriger les inégalités dans l'accès aux soins :

- la généralisation de **1 000 communautés professionnelles territoriales de santé** (CPTS) pour mailler le territoire national à l'horizon 2022 ;
- le **doublement des maisons et centres de santé** d'ici 2022 ;
- la labellisation de **500 à 600 hôpitaux de proximité** : établissements proposant un ensemble de services minimums, comme la médecine générale, la gériatrie, des laboratoires d'analyse ou de radiologie ;
- le développement de la télémédecine et des téléconsultations ;
- le soutien financier auprès des médecins inscrits dans un exercice coordonné ou dans une CPTS, pour l'emploi d'assistants médicaux ; ceci visant à libérer du temps médical afin d'augmenter le nombre de patients ou de réduire les délais de rendez-vous ;
- la **suppression du *numerus clausus*** dès 2020 et la réforme des études de médecine ; les universités pourront adapter le nombre de places « aux besoins de leur territoire dans un cadre national ».

82. Que savez-vous du Plan Ma Santé 2022 ?

■ Le Plan Ma Santé 2022 est la traduction opérationnelle dans le domaine de la santé du vaste programme gouvernemental « Action publique 2022 ». Il vise une transformation en profondeur du système de santé français, autour de **trois objectifs** :

– préparer les futurs soignants aux besoins du système de santé de demain ;
– placer le patient au cœur du système de santé, en créant, dans tous les territoires, un collectif de soins ;
– faire du numérique un atout pour le partage de l'information en santé et l'évolution des pratiques professionnelles.

■ Ce plan s'appuie sur **huit axes principaux** :

– la restructuration de l'offre territoriale de soins, avec l'accélération du virage numérique et la mise en œuvre du Plan Priorité Prévention, dont la vaccination obligatoire ;
– la mise en œuvre de la réforme du 100 % santé, avec notamment la réforme de l'aide à la complémentaire santé ;
– la protection des Français contre le risque de dépendance ;
– la lutte contre la pauvreté, avec notamment la contractualisation avec les départements ;
– la protection de l'enfance ;
– la révision de la loi de bioéthique ;
– la réforme du système des retraites ;
– la réforme de l'administration territoriale du ministère.

■ Ce plan comporte **10 mesures phares**, sur le plan organisationnel et sur le plan financier, notamment :

– la création en 2019 de financements au forfait pour la prise en charge à l'hôpital de pathologies chroniques ;
– le soutien financier au développement des assistants médicaux, en appui administratif, pour que les médecins aient plus de temps pour les patients ;
– le déploiement, d'ici 2022, de **1 000 CPTS** (communautés professionnelles territoriales de santé) ;
– la labellisation, **dès 2020**, des premiers hôpitaux de proximité pour un objectif quantitatif de 500 à 600 établissements ;
– la suppression du *numerus clausus* et la réforme du deuxième cycle des études de médecine.

83. Que savez-vous de la Stratégie nationale de prévention et de lutte contre la pauvreté ?

■ La Stratégie nationale de prévention et de lutte contre la pauvreté a été lancée par le président de la République, le 13 septembre 2018, en vue de « refonder un État providence contemporain ».

Il s'agit de sortir les gens pauvres de la pauvreté.

■ Cette stratégie s'articule autour de **deux piliers** : la prévention de la précarité, notamment chez les plus jeunes, et l'accompagnement vers l'emploi en créant un véritable « service public de l'insertion ».

Cette stratégie se décline en **cinq engagements**.

■ **Engagement 1 : l'égalité des chances dès les premiers pas pour rompre la reproduction de la pauvreté**

- Mise en place d'un plan de formation et d'un nouveau référentiel pour 600 000 professionnels de la petite enfance pour favoriser le développement de l'enfant.
- Bonus « mixité sociale » dans les modes d'accueil du jeune enfant, pour 90 000 places.

Ceci représente un budget de **1,24 milliard d'euros**.

■ **Engagement 2 : garantir au quotidien les droits fondamentaux des enfants**

- Une alimentation équilibrée pour tous avec des petits-déjeuners dans les territoires fragiles, des tarifs de cantine plus accessibles et des programmes d'accès à l'alimentation infantile.
- Des maraudes mixtes État/aide sociale à l'enfance, spécialisées dans la protection de l'enfance.

Ceci représente un budget de **271 millions d'euros**.

■ **Engagement 3 : un parcours de formation garanti pour tous les jeunes**

- Une obligation de formation pour tous les jeunes jusqu'à 18 ans.
- Au-delà de 18 ans, pour les jeunes les plus vulnérables, mobilisation de 100 000 places par an en garantie-jeunes, soit 500 000 bénéficiaires de 2018 à 2022.

Ceci représente un budget de **439 millions d'euros**.

■ **Engagement 4 : vers des droits sociaux plus accessibles, plus équitables et plus incitatifs à l'activité**

- La refonte des minima sociaux, avec la création d'un dispositif plus simple et plus lisible, un **revenu universel d'activité**.
- La revalorisation de la prime d'activité.
- L'accès de chacun à une complémentaire santé.

Ceci représente un budget de **4,97 milliards d'euros**.

■ **Engagement 5 : investir pour l'accompagnement de tous vers l'emploi**

– La création d'une « garantie d'activité » combinant accompagnement social renforcé et insertion dans l'emploi pour 300 000 allocataires par an.
– L'accueil de 100 000 salariés supplémentaires dans le secteur de l'insertion par l'activité économique, afin de favoriser le retour à l'emploi des personnes les plus fragiles.

Ceci représente un budget de **1,04 milliard d'euros**.

Les deux mesures les plus structurantes, à savoir la création d'un service public d'insertion et le revenu universel d'activité, trouveront leur traduction législative dans la future « loi d'émancipation sociale » qui sera votée en 2020.

84. Qu'est-ce que la BPIfrance ?

■ BPIfrance a été créée en janvier 2013, sur le modèle de la banque publique allemande KfW. Elle est née de la fusion de trois structures de financement : Oseo, Caisse des dépôts entreprises et le Fonds stratégique d'investissement. Elle est détenue à 50 % par l'État.

■ L'objectif de BPIfrance est de **soutenir les start-up, les PME, les entrepreneurs en banlieue** dans le cadre de la nouvelle stratégie de l'État en faveur des quartiers prioritaires de la ville (QPV), afin de les aider à se développer.

■ BPIfrance concentre ses financements sur les secteurs prioritaires suivants :
- la transition énergétique ;
- le tourisme ;
- l'internationalisation et la modernisation des usines ;
- l'innovation et l'intelligence artificielle.

■ En 2018, plus de 60 000 entreprises ont été accompagnées par BPIfrance, avec **19 milliards de crédits et d'aides mobilisés**.

85. Qu'est-ce qu'un projet urbain partenarial (PUP) ?

■ Le PUP, créé par la **loi du 25 mars 2009 de mobilisation pour le logement et de lutte contre l'exclusion**, est une nouvelle forme de participation au financement des équipements publics.

■ C'est un mécanisme contractuel de préfinancement des équipements publics par les constructeurs ou les aménageurs privés, nécessaires aux futurs usagers ; c'est un dispositif **plus souple** que le programme d'aménagement d'ensemble (PAE).

■ C'est un nouvel outil financier pour permettre le développement de l'urbanisme opérationnel d'initiative privée, renforçant ainsi les interventions publiques d'aménagement.

■ Le PUP permet à la commune ou l'EPCI compétent de s'engager conventionnellement à réaliser les équipements publics dont le constructeur a besoin pour conduire son opération d'aménagement ; le constructeur prenant en charge le coût des équipements nécessaires à son projet.

■ L'initiative du PUP appartient, en principe, au propriétaire foncier, au constructeur ou à l'aménageur public ou privé. Mais les communes dotées d'un PLU ou d'un EPCI peuvent également être à l'initiative de cette convention.

■ Le PUP a **un double intérêt** : permettre un préfinancement des équipements publics avant leur réalisation ; possibilité de percevoir une somme supérieure à celle qui résulterait de l'application de la taxe d'aménagement.

■ Avec la **loi ALUR du 24 mars 2014**, le PUP peut être « forcé » et donc imposé aux constructeurs.

86. Qu'est-ce que le SCOT ?

■ Le schéma de cohérence territoriale (SCOT) est l'outil de conception et de mise en œuvre d'une planification stratégique intercommunale, à l'échelle d'un large bassin de vie ou d'une aire urbaine, dans le cadre d'un projet d'aménagement et de développement durables (PADD).

■ **Le SCOT remplace le schéma directeur, en application de la loi sur la solidarité et le renouvellement urbains (SRU) du 13 décembre 2000.**

■ Le SCOT sert de cadre de référence pour les différentes politiques sectorielles, notamment celles centrées sur les questions d'organisation de l'espace et d'urbanisme, d'habitat, de mobilité, d'aménagement commercial, d'environnement, etc. Il en assure la cohérence, tout comme il assure la cohérence des documents sectoriels intercommunaux : PLUI, PLU, PLH, PDU, cartes communales établis au niveau communal.

■ Le SCOT contient **trois documents** :

- un rapport de présentation, qui contient notamment un diagnostic et une évaluation environnementale ;
- le projet d'aménagement et de développement durables (PADD) ;
- le document d'orientation et d'objectifs (DOO).

■ L'EPCI est compétent pour élaborer le SCOT.

87. Qu'est-ce que la SEMOP ?

■ **La loi du 1er juillet 2014** a consacré en France une forme de coopération publique privée institutionnelle en créant la Société d'économie mixte à opération unique (SEMOP).

■ La SEMOP constitue une nouvelle forme d'entreprise publique locale. L'objet de la SEMOP est large : elle peut être chargée soit de la réalisation d'une opération de construction, de développement du logement ou d'aménagement, soit de la gestion d'un service public (qui n'est pas nécessairement à caractère industriel et commercial) pouvant inclure la construction des ouvrages ou l'acquisition des biens nécessaires au service, soit de toute autre opération d'intérêt général relevant de la compétence de la collectivité territoriale ou de l'EPCI.

■ L'originalité de la SEMOP est qu'elle a vocation à exécuter le seul et unique objet et contrat attribué par la personne publique. **L'existence de la SEMOP est donc liée à la durée du contrat.** La société ne pourra pas bénéficier de l'attribution d'autres contrats, elle sera dissoute dès la réalisation de son objet ou au terme de l'exécution du contrat attribué.

■ La SEMOP peut être constituée (comme la SPL) par deux actionnaires au moins. La SEMOP doit être constituée par une seule collectivité ou un seul EPCI, pouvant détenir entre 34 % et 85 % du capital aux côtés d'un ou plusieurs opérateurs économiques détenant quant à eux entre 15 % et 66 % du capital. C'est la personne publique qui assure la présidence de la société.

■ La loi prévoit toutefois une procédure assez contraignante pour effectuer le choix de l'opérateur privé actionnaire.

88. Que savez-vous de la loi PACTE ?

■ La loi PACTE (Plan d'action pour la croissance et la transformation des entreprises) a été promulguée le **22 mai 2019**. Elle vise à **simplifier la vie des entreprises**, de leur création à leur liquidation.

■ Les **mesures phares** de cette loi sont les suivantes :

– la création, d'ici 2023, d'un **guichet unique électronique** pour simplifier les démarches liées à la création d'entreprises ; il remplacera les actuels centres de formalités des entreprises (CFE) ;

– la création d'un registre des entreprises dématérialisé ;

– la réduction des effets des franchissements de seuils d'effectifs, dont le dépassement entraîne de nouvelles obligations sociales et fiscales pour une entreprise. Désormais, pour que celles-ci soient applicables, l'entreprise devra avoir franchi le seuil légal **pendant cinq années consécutives**. De même, la loi relève un certain nombre de seuils **de 20 à 50 salariés**. Ceci vise principalement à favoriser l'embauche dans les PME ;

– le relèvement des seuils à partir desquels les comptes d'une entreprise doivent faire l'objet d'un audit par un commissaire aux comptes : l'audit ne devient obligatoire que si l'entreprise dépasse **deux des trois seuils suivants** : **8 millions de chiffre d'affaires, 4 millions d'euros de bilan et 50 salariés**.

89. Que savez-vous de la GEMAPI ?

■ La loi « Maptam » du 27 janvier 2014 crée une **compétence ciblée et obligatoire** relative à la **gestion des milieux aquatiques et la prévention des inondations**, et l'attribue aux communes et à leurs groupements. La loi NOTRe a décalé au **1er janvier 2018** l'entrée en vigueur de la GEMAPI, initialement prévue au 1er janvier 2016 par la loi Maptam.

■ Jusqu'alors, l'entretien et la restauration des cours d'eau et des ouvrages de protection contre les crues incombaient à tous les niveaux de collectivités. Les régions, les départements, les communes et leurs intercommunalités pouvaient s'en saisir, mais aucune de ces collectivités n'en était spécifiquement responsable.

Dorénavant, ces travaux seront exclusivement confiés aux communes et à leurs établissements publics de coopération intercommunale (EPCI) à fiscalité propre.

■ La GEMAPI couvre **quatre champs d'intervention** : l'aménagement des bassins et sous-bassins hydrographiques ; l'entretien des cours d'eau, canaux, lacs et plans d'eau ; la défense contre les inondations et la mer (digues) ; la protection et la restauration des écosystèmes aquatiques.

■ Toutefois, les entités déjà à l'œuvre sur le terrain seront conservées, les structures de bassin sont donc confortées. Les établissements publics territoriaux de bassin **(EPTB)** et les établissements publics d'aménagement et de gestion de l'eau **(EPAGE)** pourront assurer la GEMAPI, après transfert de compétence par le bloc local.

■ Les départements et les régions demeurent partenaires, sur la base du volontariat : ils peuvent financer des opérations.

■ Les communes ou les EPCI qui exercent la compétence GEMAPI peuvent instituer une **taxe facultative plafonnée à 40 € par habitant** et par an dont le produit est affecté à un budget annexe spécial.

90. Comment les communes peuvent-elles agir en faveur de l'emploi ?

■ En théorie, les compétences des communes sont limitées en ce qui concerne la politique de l'emploi, car celle-ci relève **essentiellement du ressort de l'État**. L'article L. 2251-1 du Code général des collectivités territoriales dispose que : « L'État a la responsabilité de la conduite de la politique économique et sociale ainsi que de la défense de l'emploi. »

■ Les communes se sont toutefois, depuis plusieurs années, fortement engagées dans ce domaine de diverses manières :

– Les **aides indirectes** : possibilité pour les communes de fixer librement le prix de vente ou de location de terrains aménagés mis à la disposition des entreprises pour faciliter leur implantation ; aides financières aux structures d'insertion ; aides aux structures de l'économie sociale et solidaire.

– Les **aides au maintien des services nécessaires aux besoins de la population en milieu rural**, dès lors que « l'initiative privée est défaillante ou absente ».

– Les **actions conjointes menées avec des acteurs locaux**, tels les missions locales, qui accompagnent les jeunes de moins de 26 ans, les PLIE (plans locaux pour l'insertion et l'emploi), les maisons de l'emploi (créées suite à la loi de programmation pour la cohésion sociale du 18 janvier 2005).

– Les **services municipaux de l'emploi** pour accompagner les publics à partir de 26 ans, avec généralement des **cyber-bases emploi** dans des espaces dédiés, équipés d'ordinateurs en libre accès avec l'appui d'animateurs et de documentation spécifique.

– Des actions de **mobilisation des acteurs économiques du territoire**, dont l'objectif est de sensibiliser les acteurs à **recruter localement**, via des événements tels des forums/rencontres pour l'emploi.

91. Qu'entend-on par « État plateforme » ?

■ Une des priorités du Gouvernement est la transformation numérique de l'État, la transformation de l'ensemble de l'action publique ; c'est l'idée d'un « **État plateforme** ». Il s'agit de permettre à chaque administration de développer facilement de nouveaux services, plus adaptés aux besoins et usages des citoyens, dans un cadre transparent.

C'est une reconfiguration de la façon dont l'État délivre des services publics.

■ Cela signifie aussi décloisonner, mettre à disposition des usagers/citoyens les données des systèmes d'informations produits par les acteurs publics : offres d'emploi de Pôle Emploi, bases d'adresses, données de la CPAM, etc. C'est une véritable banque publique de données. C'est un **gouvernement ouvert**, qui se veut agile, capable de produire de nouveaux services avec les citoyens.

■ Cette stratégie repose sur un mécanisme d'identification et d'authentification appelé **France Connect**, qui assure au citoyen un accès universel à toutes les administrations en ligne et permet à celles-ci de partager les données qu'elles détiennent.

L'usager n'a plus besoin de fournir pour chaque démarche les mêmes informations, c'est à l'administration de les réunir.

■ Cette stratégie de l'État plateforme est développée par la Direction interministérielle des systèmes d'information et de communication (DISIC).

■ L'État plateforme représente donc une **triple révolution :**

- une **révolution technologique** avec l'entrée de plain-pied de l'administration dans l'ère numérique ;
- une **révolution politique** avec le passage d'un État organisateur à un État régulateur et facilitateur ;
- une **révolution démocratique** avec la promesse d'une gestion participative et collaborative des services publics et d'une transparence accrue de l'administration.

92. Que savez-vous du compte épargne-temps dans la fonction publique territoriale ?

■ Le compte épargne-temps (CET) a été institué dans la fonction publique territoriale par le **décret du 26 août 2004**.

■ Le CET est un dispositif permettant aux fonctionnaires titulaires et aux contractuels, à temps complet ou non, de stocker des jours de congé et de RTT (jours de réduction du temps de travail) et, si la collectivité le prévoit, les jours de repos compensateur des heures supplémentaires ou de sujétions particulières non utilisés sur l'année. Son ouverture est facultative et se fait à la demande de l'agent. Les agents devant obligatoirement prendre 20 jours effectifs de congé par an, le CET ne peut pas être alimenté par la totalité des congés annuels. **L'alimentation du CET est plafonnée à 60 jours.**

■ Les règles d'ouverture, de fonctionnement, de gestion et de fermeture du compte, ainsi que les formalités d'utilisation sont fixées **par délibération** de l'organe délibérant.

■ Au-delà des 20 jours de congés obligatoires, l'agent a **trois options**, son choix devant être fait avant le 31 janvier de l'année suivante (année N+1), dans les conditions prévues par la délibération de l'organe délibérant :

- maintien des jours sur le CET, avec un plafond maximum de 60 jours ;
- prise en compte en épargne retraite au sein du régime de la retraite additionnelle de la fonction publique (RAFP) ;
- indemnisation forfaitaire variable en fonction de la catégorie hiérarchique : pour un agent de catégorie A, le montant forfaitaire par jour est de 125 euros ; pour un agent de catégorie B, le montant est de 80 euros ; pour un agent de catégorie C, il est de 65 euros.

■ En l'absence d'une délibération prévoyant l'indemnisation ou la prise en compte dans le régime du RAFP, les jours épargnés ne peuvent être utilisés que sous forme de congés. Et, à l'issue d'un congé de maternité, d'adoption ou de paternité, d'un congé d'accompagnement d'une personne en fin de vie, l'agent qui en fait la demande bénéficie de plein droit de ses congés épargnés.

93. Qu'est-ce que la motion de censure ?

■ La motion de censure est le principal moyen de contrôle exercé par l'Assemblée nationale sur le Gouvernement.

■ La Constitution de 1958 a prévu **deux types de motions de censure**.

La motion de censure **spontanée** ou **offensive** (art. 49 al. 2) est de la seule initiative des députés. Son dépôt nécessite la signature de 10 % des membres de l'Assemblée nationale. Aucun député ne peut signer plus de trois motions de censure au cours de la session ordinaire. Il y a un délai **de 48 heures** entre le dépôt et le vote de la motion de censure. Lors du vote, seuls les votes « pour » sont comptabilisés. Pour être adoptée, la motion de censure doit recueillir **la majorité absolue des voix** (289 voix). Le Premier ministre doit alors remettre au président de la République la démission de son Gouvernement (art. 50 de la Constitution).

La motion de censure **provoquée** (art. 49 al. 3) : à l'origine, le Premier ministre a décidé d'engager la responsabilité du Gouvernement devant l'Assemblée nationale sur tout ou partie d'un texte. Ce texte sera considéré comme adopté (absence de débat), sauf adoption d'une motion de censure, déposée dans les 24 heures. Les modalités requises sont les mêmes que pour la motion de censure spontanée.

Depuis la loi constitutionnelle de juillet 2008, l'usage de l'article 49-3 est limité à un projet de loi par session.

■ **Une seule fois, en 1962**, la motion de censure adoptée a entraîné la chute d'un gouvernement : elle portait contre l'élection du président de la République au suffrage universel direct.

94. Qu'est-ce que l'opération Sentinelle ?

■ L'opération Sentinelle a été mise en place sur l'ensemble du territoire national, par le président de la République, François Hollande, au lendemain des attentats de janvier 2015.

■ Cette opération vise à renforcer la sécurité sur le territoire national, pour faire face à la menace terroriste et pour protéger les sites sensibles et stratégiques (lieux touristiques, aéroports, gares, sites religieux, etc.).

Elle mobilise de façon permanente 7 000 soldats, en complément des forces de sécurité intérieure (ce chiffre pouvant aller jusqu'à 10 000 soldats).

■ Dans le contexte du mouvement social des Gilets jaunes, le président de la République, Emmanuel Macron, a décidé, **le 20 mars 2019**, d'adapter le dispositif pour sécuriser « des points fixes et statiques » et de permettre ainsi aux forces de sécurité intérieure (policiers, gendarmes) de mobiliser davantage de personnel pour se concentrer sur le maintien et le rétablissement de l'ordre.

95. Qu'est-ce que la Haute Autorité pour la transparence de la vie publique (HATVP) ?

■ La HATVP a été créée par la **loi du 11 octobre 2013** relative à la transparence de la vie publique dans un contexte de forte défiance des citoyens à l'égard des dirigeants politiques (multiplication d'affaires mettant en cause leur probité et intégrité). C'est une instance de **régulation et de contrôle**.

■ Cette **autorité administrative indépendante**, rattachée au Premier ministre, remplace la Commission pour la transparence financière, créée en 1998. Elle est composée d'un président nommé par le président de la République ainsi que d'un collège qui comprend deux conseillers d'État, deux conseillers à la Cour de cassation, deux conseillers-maîtres à la Cour des comptes et deux membres nommés respectivement par le président de l'Assemblée nationale et le président du Sénat.

Les membres du collège ne sont pas renouvelables ; ils ne peuvent être révoqués ; ils ne peuvent pas recevoir d'injonctions, d'ordres de la part d'aucune autorité.

La HATVP a une totale autonomie de gestion.

■ Elle exerce principalement **trois types de missions** :

– Une **mission de contrôle**, notamment :

• les *déclarations de patrimoine* (immeubles et terrains, valeurs mobilières, assurances vie, véhicules, comptes détenus à l'étranger, etc.) des membres du Gouvernement, des parlementaires, des collaborateurs du président de la République, des ministres, de certains hauts fonctionnaires ;

• les *déclarations d'intérêt et de patrimoine* des dirigeants d'entreprises publiques (présidents, directeurs généraux) ;

• les *instruments financiers* de certains responsables publics : membres du Gouvernement, présidents et membres d'autorités administratives indépendantes intervenant dans le domaine économique, certains agents publics et militaires dont le niveau hiérarchique et/ou la nature des fonctions le justifient sont soumis à une obligation supplémentaire afin de prévenir toute suspicion d'utilisation d'informations privilégiées et tout conflit d'intérêts liés à la détention d'instruments financiers. Ils doivent se départir de toute possibilité de contrôle individuel sur la gestion des instruments financiers qu'ils détiennent pendant toute la durée de leurs fonctions.

– Une **mission de prévention** permanente des **conflits d'intérêts**, depuis le début jusqu'à la fin des fonctions. À titre d'exemple, depuis la **loi du 20 avril 2016** relative à la déontologie, aux droits et obligations des fonctionnaires, certains fonctionnaires doivent faire une déclaration d'intérêts (activités professionnelles exercées dans les cinq dernières années, activités professionnelles du conjoint, autres mandats électifs, etc.).

– Une **mission de recommandation** : de sa propre initiative ou à la demande du Premier ministre, la HATVP émet des recommandations en matière de transparence de la vie publique.

Elle contrôle aussi la compatibilité avec l'activité privée envisagée à l'issue des fonctions publiques.

■ Suite à la **loi du 9 décembre 2016** relative à la transparence, à la lutte contre la corruption et à la modernisation de la vie économique, la HATVP a créé un **répertoire numérique** qui assure l'information des citoyens sur les relations entre les représentants d'intérêts et les pouvoirs publics.

■ En 2018, la HATVP a reçu **5 787 déclarations de patrimoine et d'intérêts** (10 622 en 2017). Ce reflux s'explique par le fait que 2018 ayant été une année exempte d'élection, il y a eu un moindre renouvellement des déclarants. Le taux de conformité à l'obligation de déclaration est depuis 2014 de 99,82 %.

96. Que savez-vous du Plan Action cœur de ville ?

■ Le ministère de la Cohésion des territoires a présenté **en mars 2018** le Plan **Action cœur de ville, sur cinq ans**, avec un investissement de plus de **5 milliards d'euros de l'État**.

Il s'agit de redonner attractivité et dynamisme économique équilibré à **222 centres-villes de communes** dans diverses situations de **dévitalisation** : baisse de la population, taux de vacance commercial croissant, paupérisation.

■ Il s'agit d'inciter les habitants à revenir en centre-ville, par une offre de logements adaptée, en facilitant l'installation de commerces, en développant l'accès aux services, notamment la couverture numérique.

Le plan entend améliorer les conditions de vie des habitants des villes moyennes et conforter le rôle de celles-ci dans le développement du territoire. Il entend inciter les acteurs économiques à réinvestir les centres-villes.

Ce plan s'inscrit aussi dans le projet gouvernemental d'évolution du droit de l'urbanisme.

■ Le Plan Action cœur de ville comporte **cinq axes structurants** :

- redonner de l'attractivité à l'habitat en centre-ville, par la réhabilitation, voire la restructuration ;
- favoriser un développement économique et commercial équilibré ;
- développer l'accessibilité, la mobilité et les connexions ;
- mettre en valeur les formes urbaines, les espaces publics et le patrimoine ;
- rendre accessibles les équipements et services publics.

■ La **loi Elan de 2018** sur l'évolution du logement, de l'aménagement et du numérique accompagne ce plan, par la **création des opérations de revitalisation territoriale** (**ORT**).

Les ORT sont le pivot des conventions « Action cœur de ville » ; elles permettent de réunir l'ensemble des acteurs concernés (collectivités territoriales, partenaires locaux et nationaux, tant publics que privés).

■ Le maire, en lien avec le président de l'intercommunalité, pilote la réalisation du plan global, en prenant appui au quotidien sur un expert, un « manager de centre-ville », faisant office de guichet unique pour la coordination du projet.

Le préfet de département coordonne les services et mobilise les moyens de l'État, il anime le partenariat localement. Il a le pouvoir de suspendre l'instruction d'une autorisation d'exploitation commerciale qui s'effectuerait à proximité d'un territoire ayant mis en place une opération de revitalisation de territoires.

Le Commissariat général à l'égalité des chances a un rôle de coordination et d'animation au niveau national de l'ensemble du Plan Action cœur de ville.

■ **Trois nouvelles pistes** sont explorées pour **faire évoluer** le Plan Action cœur de ville :

- la première concerne l'enseignement supérieur et la formation, avec le déploiement des campus connectés dans les villes moyennes et l'implantation de 100 centres de formation ;

– la deuxième est le financement de l'innovation dans le domaine de la mobilité (plateformes de covoiturage et/ou d'autopartage, stationnements intelligents, etc.) ;
– la troisième est de rendre prioritaires les 222 territoires pour bénéficier de financements pour la réhabilitation thermique des bâtiments publics.

97. Que savez-vous de la loi du 10 août 2018 pour un État au service d'une société de confiance ?

■ La loi du 10 août 2018, dite **loi ESSOC**, correspond à la stratégie du Gouvernement de moderniser l'action des services publics et d'améliorer l'image de l'État.

Elle comporte **deux piliers** : **faire confiance** et **faire simple**.

Elle s'adresse à tous les usagers – particuliers ou entreprises – dans leurs relations quotidiennes avec les administrations.

■ **Le 1er pilier, faire confiance**

La mesure phare est l'instauration pour **les usagers** du « **droit à l'erreur** » ; le postulat est la bonne foi de l'usager dans ses déclarations à l'administration ; il appartient dorénavant à l'administration de prouver la mauvaise foi de l'usager ; ce dernier peut la rectifier, spontanément ou au cours d'un contrôle, quand son erreur est commise de bonne foi. Mais le droit à l'erreur ne s'applique pas aux fraudeurs ou aux récidivistes.

Pour les **entreprises/professionnels**, c'est le « **droit au contrôle** » : une entreprise peut demander à une administration de la contrôler pour s'assurer qu'elle est en conformité et en rendre les conclusions opposables, à la manière d'un **rescrit**.

L'entreprise/le professionnel peut aussi rédiger lui-même une prise de position formelle, l'administration ayant alors trois mois pour répondre.

■ **Le 2e pilier : faire simple**

Un **dialogue non surtaxé :** instauration d'un **numéro d'appel non surtaxé**, vers les services de l'État et ses établissements publics, d'ici le 1er janvier 2021.

L'amplification du mouvement de **guichet unique** par l'institutionnalisation au sein des services publics d'un « **référent unique** » pour des procédures et dispositifs déterminés.

Dans certains quartiers prioritaires de la politique de la ville, mise en place d'une **plateforme dématérialisée** de dépôt des dossiers de demande de subventions, qui seront instruits dans le cadre du comité de pilotage du contrat de ville ; mise en place d'un **référent unique** pour leur suivi.

« **Dites-le-nous une fois** » : c'est un **élément clé du choc de simplification** voulu par le président de la République pour faciliter la vie des usagers et des entreprises. Il s'agit de dispenser les usagers et entreprises de fournir des informations que l'administration détient déjà dans un traitement automatisé ou qui peuvent être obtenues auprès d'une autre administration par un tel traitement. La sollicitation directe de l'usager ou de l'entreprise doit être l'exception.

Expérimentation menée dans quatre départements (Nord, Yvelines, Aube, Val-d'Oise) afin de **supprimer les justificatifs de domicile** pour la délivrance des cartes nationales d'identité, passeports, permis de conduire ou certificats d'immatriculation.

98. Qu'est-ce que la Conférence nationale des territoires (CNT) ?

■ Dans les engagements de campagne du président de la République figurait la création de cette Conférence nationale des territoires (CNT).

L'objectif est d'associer, en amont, les collectivités territoriales à toute décision les concernant. Il s'agit de construire un « **pacte de confiance** » entre l'État et les collectivités territoriales.

■ Il est prévu que cette CNT se réunisse **2 fois par an**, sous la présidence du Premier ministre. Les acteurs concernés sont notamment le gouvernement, les collectivités territoriales, le Parlement.

Il y a eu deux réunions de la CNT en 2017, une réunion en 2018 ; cette réunion a été boycottée par les trois grandes associations d'élus locaux (Régions de France, AMF, ADF).

■ Il s'est avéré nécessaire de **reconfigurer la CNT**, pour en faire une vraie instance de négociation et de coconstruction des décisions commencées par le Gouvernement concernant les collectivités.

Des « instances de dialogue » et des rencontres bilatérales ont été instaurées entre les trois grandes associations représentant les différentes strates de collectivités et le Gouvernement.

Une nouvelle méthode de travail et de fonctionnement a été annoncée par le Premier ministre, le **6 mai 2019**, en faveur d'une « mobilisation nationale et territoriale autour de la formation, l'emploi et les grandes transitions écologique et numérique ».

Il s'agit d'être plus proche des territoires, de renouer avec les « corps intermédiaires » et les élus.

■ **Six chantiers** ont été ouverts :
- le développement de l'apprentissage ;
- les emplois non pourvus ;
- les freins à l'emploi ;
- l'accompagnement des territoires dans la transition écologique et numérique ;
- les gestes écologiques du quotidien : gestion des déchets, cycles courts, alimentation dans les cantines, etc. ;
- la rénovation thermique et énergétique des bâtiments.

Ces six chantiers se sont traduits, **fin juin 2019**, d'abord par des remontées des territoires, des régions, des bassins d'emploi, pour une mise en place, en **septembre 2019**, d'un « **agenda de solutions** ».

99. Qu'est-ce que le référendum d'initiative citoyenne ?

■ Le référendum d'initiative citoyenne (RIC) fait partie des **revendications** du mouvement des **Gilets jaunes** ; ce serait une nouvelle procédure organisée à l'initiative d'un certain nombre de citoyens français, demandant directement aux électeurs d'appuyer ou de refuser au suffrage universel la mesure qui leur est proposée ou une proposition de loi.

700 000 signatures seraient requises, à déposer via un site lisible, encadré par un organisme indépendant de contrôle ; dans ce cas, cette proposition de loi devra être débattue, amendée par l'Assemblée nationale qui aura l'obligation, un an après l'obtention des 700 000 signatures, de la soumettre au vote de tous les Français.

■ Le président de la République a accédé, en partie, à cette demande de RIC des Gilets jaunes, mais en **le limitant aux seuls sujets locaux** ; le RIC local ne rendra pas possible la révocation d'un élu.

On serait plutôt sur une amélioration du référendum d'initiative partagée, avec un abaissement significatif du seuil du nombre de signatures nécessaires au déclenchement de la procédure, qui serait ramené **à 1 million de signatures**, au lieu de 4,5 millions actuellement.

100. Que savez-vous du programme « Action publique 2022 » ?

■ Le programme « Action publique 2022 » a été lancé le 13 octobre 2017. Il est piloté par le Comité action publique 2022 (« CAP 22 »), composé notamment de personnes qualifiées, de parlementaires, d'élus locaux, de hauts fonctionnaires.

L'action publique doit être en capacité de répondre aux transformations profondes liées aux nouveaux usages numériques, aux attentes des usagers vers plus de proximité et plus de partage de données.

■ **Les deux objectifs** du programme « Action publique 2022 » sont :

- améliorer la qualité des services publics pour les usagers, en simplifiant, en numérisant les procédures administratives, en passant à une société de confiance. Le Gouvernement a fixé un objectif de **100 % de services publics dématérialisés** à horizon 2022 ;
- moderniser l'environnement de travail des agents publics, en les impliquant pour recueillir leurs propositions.

■ Pour cette transformation de l'administration, l'État a dédié un **fonds de 700 millions d'euros** pour une période de cinq ans.

101. Quelles sont les différentes consultations populaires existantes ?

■ On peut citer **cinq formes principales** de consultations populaires.

■ Le **référendum initié par l'exécutif ou les parlementaires** (art. 11 Constitution de 1958) : possibilité d'organiser un référendum sur tout projet de loi portant sur l'organisation des pouvoirs publics, sur la politique économique, sociale ou environnementale, sur la ratification d'un traité.

■ Le **référendum constitutionnel** (art. 89 Constitution de 1958) permet d'approuver ou de rejeter une révision de la Constitution, sachant que le président de la République peut choisir, à la place, de faire voter le Congrès (réunion de l'Assemblée nationale et du Sénat à Versailles).

■ Le **référendum d'initiative partagée (RIP) :** possibilité créée lors de la réforme constitutionnelle de 2008 ; un référendum peut être initié par 1/5e des membres du Parlement, soutenus par 1/10e des électeurs inscrits sur les listes électorales (cette procédure a été utilisée pour le référendum portant sur le caractère de service public des Aéroports de Paris).

Ce référendum ne permet pas d'abroger une loi récemment votée.

■ Le **référendum décisionnaire local**. Depuis 2003, les collectivités peuvent soumettre des projets au vote de leurs électeurs sur des questions relevant de leurs compétences, par exemple l'instauration de la vidéosurveillance dans la commune. Si le oui est majoritaire et que plus de 50 % des électeurs ont participé au vote, la décision est adoptée ; sinon il vaut « simple » consultation.

■ La **consultation locale sur l'environnement** : possibilité (ordonnance de 2016) de consulter la population impliquée par un projet ayant une incidence sur l'environnement (procédure adoptée pour faire voter les habitants de Loire-Atlantique sur l'aéroport de Notre-Dame-des-Landes, l'enjeu dépassant le cadre local). Cette procédure est uniquement consultative.

102. Qu'est-ce que le design de services publics ?

■ Le design est à la fois une démarche globale de conception, un ensemble de méthodes créatives, une façon différente d'aborder les projets, afin d'améliorer la qualité de vie. Cette approche part des utilisateurs, elle les associe à la recherche de solutions, elle valorise les plus créatives et porteuses de sens ; elle pratique la méthode de « l'essai-erreur », des tests ; elle rend visuelles et compréhensibles des questions complexes.

■ Le design de services publics est l'application de ces principes du design à la « fabrique » des politiques publiques, depuis la prise de décision jusqu'à l'impact sur les bénéficiaires de ces politiques.

À titre d'exemples de démarche de design de services publics : s'installer, de façon discrète, à l'entrée d'une mairie afin d'observer comment les administrés se repèrent pour trouver les services ; faire participer les agents à des jeux de rôles afin qu'ils tentent à leur guichet un mode différent d'accueil des usagers. Les départements y recourent pour simplifier les démarches d'accès au RSA.

■ Les **avantages** sont les suivants : une démarche de valorisation de l'expertise, de l'intelligence et du bon sens des agents et des publics ; moyen pour ces derniers de voir rapidement les fruits de leurs idées au travers de tests, de prototypes. L'utilisateur devient un véritable acteur, c'est le premier maillon d'une réflexion globale.

■ Les **risques/écueils** sont les suivants : le design est une démarche complexe qui tient aux compétences, aux capacités à mettre en place une approche globale remettant en cause le fonctionnement de l'organisation ; d'où la nécessité de faire appel à des professionnels aguerris. Ne jamais oublier la question du sens, de la finalité qui font mobiliser le design : nécessité de combiner plusieurs objectifs (l'impact, l'efficience, l'amélioration de l'expérience que va en tirer l'utilisateur, la plus-value démocratique).

Éviter d'intégrer la fonction « design » au sein de la collectivité.

103. Qu'est-ce que l'illectronisme ?

■ L'illectronisme, c'est la difficulté à utiliser Internet dans la vie quotidienne. Cet illettrisme numérique constitue un réel handicap, notamment pour effectuer des démarches administratives.

L'illectronisme touche 15 % de la population, soit 13 millions de Français.

■ Les **personnes concernées** sont principalement :

- les personnes âgées de plus de 60 ans, un peu moins équipées et mal à l'aise avec le numérique ;
- les personnes désavantagées socialement et économiquement ;
- les « abandonnistes », ceux qui renoncent à un recours, à une démarche administrative via internet ; on les trouve dans toutes les tranches d'âge, même les plus jeunes, ainsi que dans toutes les catégories socioprofessionnelles.

■ L'illectronisme a notamment pour **conséquences** :

- des inégalités graves en termes d'accès au droit, à l'information ;
- l'isolement, la solitude, l'exclusion sociale.

■ Pour lutter contre l'illectronisme, l'État a déployé, jusqu'à 2022, une **stratégie nationale de lutte contre l'illectronisme.**

Son objectif est d'accompagner et de former 1,5 million de personnes par an au numérique, mobilisant un investissement sur plusieurs années d'entre 75 et 100 millions d'euros, notamment de l'État et de la Banque des Territoires.

Une des mesures phares est la création du **Pass numérique** : des coupons-papiers d'une valeur de 50 à 100 euros remis par les acteurs sociaux aux personnes en difficulté afin qu'elles puissent bénéficier, dans des lieux labellisés, de cinq à dix ateliers de formation pour devenir autonomes numériquement.

104. Qu'est-ce que la *smart city* ?

■ Selon la CNIL, *smart city* signifie « **ville intelligente** ». Ce concept de développement urbain, apparu en 2005, permet « d'améliorer la qualité de vie des habitants en rendant la ville plus adaptative et efficace, à l'aide de nouvelles technologies qui s'appuient sur un écosystème d'objets et de services ».

■ C'est une ville qui **utilise les nouvelles technologies** : objets connectés, robotique, collecte et traitements de données, Internet, pour améliorer le quotidien de ses habitants.

En voici quelques exemples :

- les parkings permettant de connaître en temps réel le taux de remplissage ;
- la surveillance en temps réel des réseaux d'eau ou d'énergie afin d'éviter les pertes inutiles ;
- une application mobile permettant aux habitants de suivre en temps réel le parcours d'un bus grâce aux données mises à disposition par la société de transport ;
- l'utilisation de capteurs permettant de moduler l'éclairage urbain en fonction de ce qui se passe dans la rue.

Ces offres et services sont basés sur ***l'open data***, à savoir la mise à disposition de tous de données collectées, pour créer des services utiles, pour les citoyens, les entreprises.

■ La *smart city* a pour finalité de répondre aux **enjeux de développement durable** :

- améliorer la sécurité au cœur des villes ;
- améliorer la qualité de l'air ;
- fluidifier les flux, notamment liés aux transports ;
- faire des économies d'énergie ;
- faciliter la communication entre les citadins et leurs administrations ;
- améliorer la gestion des déchets.

105. Que savez-vous de la loi « Engagement et proximité » ?

■ Cette loi a été adoptée le **27 décembre 2019**.

■ Son objectif est de renforcer les droits des élus locaux, notamment **les maires**, de mieux reconnaître leur engagement et d'accorder plus de libertés locales.

■ Les **principales mesures** sont les suivantes :

– mieux **concilier vie personnelle et professionnelle et engagement local** : prise en charge des frais de garde par les communes (par l'État dans les communes rurales), lors des réunions obligatoires ;
– permettre aux élus de **se former** dès le premier jour de leur mandat ;
– **rétribuer à son juste niveau l'engagement** des maires, notamment dans les zones rurales ;
– assurer aux élus une défense quand leur responsabilité est engagée ;
– remettre le **maire au cœur de l'intercommunalité :** l'intercommunalité pourra faire une délégation de signature aux maires pour certaines décisions, telle la réparation d'une route ;
– pouvoir plus facilement modifier le périmètre des intercommunalités : possibilité pour une intercommunalité de se scinder en deux, tout en respectant les seuils existants ;
– répartir **plus souplement les compétences entre la commune et l'intercommunalité** : par exemple, le maire aura un droit d'initiative pour procéder à une modification du plan local d'urbanisme (PLU) intercommunal ;
– renforcer **la solidarité entre les territoires en cas de catastrophe naturelle :** en cas de catastrophe naturelle, le département pourra aider directement les entreprises sinistrées ;
– alléger les procédures, au titre de la commande publique, en relevant les seuils des marchés publics : le seuil de déclenchement de la procédure de mise en concurrence sera relevé au-delà de 25 000 euros, à savoir 40 000 euros HT.

106. Qu'est-ce que le Conseil économique, social et environnemental ?

■ Le Conseil économique a été créé en 1925 ; il prend la dénomination de Conseil économique et social (CES) avec la **Constitution de 1958** (art. 69). L'objectif était de refonder la démocratie sociale et d'avoir un lieu de débat sur la modernisation économique de la France. Depuis 2008, y a été ajoutée la dimension « environnementale ».

Le CESE est **l'assemblée consultative** de la République ; c'est la troisième assemblée constitutionnelle de la République.

■ La **composition** et le **mode de fonctionnement** du CESE

Les **organes de gouvernance** du CESE sont le président, le Bureau et le secrétaire général. Le président est responsable du bon fonctionnement du CESE ; il définit, de concert avec le Bureau, les grandes orientations stratégiques du Conseil.

Le Bureau comprend **18 membres et le président**. Il assure le fonctionnement courant du Conseil.

Le secrétaire général dirige les services et organise les travaux.

Le CESE est composé de **233 conseillers** désignés pour un **mandat de cinq ans**, renouvelable une fois. Il regroupe des personnalités qualifiées nommées par le Gouvernement ainsi que des membres désignés par les principales associations de France, les syndicats de salariés, les organisations patronales et de nombreux acteurs de la société civile intervenant dans le domaine de l'économie, du dialogue social, de la cohésion sociale, de la jeunesse, de la protection de l'environnement. Il se réunit tous les 15 jours, pour examiner les études et projets d'avis.

Le CESE peut être saisi par le Gouvernement, les présidents de l'Assemblée nationale et du Sénat pour donner son avis sur les projets et propositions de lois. Sa saisine est obligatoire pour les projets de lois à caractère économique, social et environnemental. Il peut aussi être saisi par voie de pétition citoyenne.

Le CESE peut s'autosaisir sur toute question entrant dans son champ de compétence.

■ Le CESE a **trois missions principales**.

Il conseille le Gouvernement et le Parlement en matière économique, sociale et environnementale et il participe à l'élaboration de la politique économique, sociale et environnementale.

Il favorise le dialogue et la collaboration entre les différentes catégories socioprofessionnelles pour faciliter le rapprochement de leurs positions.

Il contribue à l'évaluation des politiques publiques à caractère économique, social et environnemental.

■ Les **perspectives d'évolution** du CESE

Suite au grand débat national, le président de la République a fait part de sa volonté de réformer le CESE, dans le cadre d'une révision constitutionnelle prévue **en 2020**, afin de renforcer la représentation des citoyens au sein de certaines institutions. Il serait transformé en Conseil de la participation citoyenne (CPC). 150 citoyens, tirés au sort, viendraient compléter cette assemblée et travailler notamment sur la transition écologique.

107. En quoi les régions sont impactées par les réformes scolaires ?

■ Il y a deux chantiers importants qui concernent les régions, à la rentrée scolaire 2019-2020, dans un contexte budgétaire contraint :

- la réforme du lycée ;
- la réforme de l'orientation scolaire.

■ L'un des chantiers les plus importants concerne la **réforme du lycée** :

- la suppression des filières ;
- l'introduction d'enseignements de spécialité.

Pour les régions, cela implique le renouvellement de tous les manuels de seconde et de première en lycées général et technologique, des manuels de seconde et de première année de CAP en lycée professionnel.

Le coût de la rénovation de ces supports est estimé à **300 millions d'euros**.

La réforme du lycée touche aussi potentiellement le transport scolaire, les enseignements de spécialité étant répartis entre plusieurs établissements.

■ L'autre chantier important concerne l'**orientation scolaire**, dont les régions ont dorénavant la responsabilité, à la suite de la **loi du 5 septembre 2018** pour la liberté de choisir son avenir professionnel.

Les régions sont chargées de l'information sur les métiers au collège, lycée et dans l'enseignement supérieur. Les régions vont devoir inventer de nouveaux supports d'information, avec par exemple la réalité virtuelle, multiplier les événements (salons, forums) et surtout les espaces de stage, en lien avec l'ensemble des acteurs locaux.

108. Que savez-vous du label « cités éducatives » ?

■ Le 5 septembre 2019, le ministre de l'Éducation nationale et le ministre de la Ville ont présenté la liste des **80 territoires ayant obtenu le label « cités éducatives »**. 100 millions d'euros leur seront consacrés sur les trois prochaines années.

■ L'ambition des cités éducatives est de fédérer tous les acteurs des quartiers prioritaires de la politique de la ville (Éducation nationale, familles, CAF, collectivités, structures petite enfance, etc.) afin d'en faire des **lieux de réussite républicaine**. L'accent est mis très fortement sur le travail en transversalité autour de la culture, du sport et de la science.

PARTIE 4

Le management

Questions corrigées

1. Quels sont les différents types de management ?

■ Le management, c'est l'ensemble des pratiques mises en œuvre pour administrer, mobiliser et développer les ressources humaines impliquées dans l'activité de la collectivité. C'est la conduite de l'action collective en vue d'assurer l'efficience, l'efficacité des politiques publiques menées.

■ Selon le niveau hiérarchique et l'horizon temporel, on distingue le **management stratégique**, du niveau de la direction, dont les décisions s'appliquent à long terme et le **management opérationnel**, au niveau de l'équipe d'exécution, dont les décisions s'appliquent à court terme.

■ Le management désigne l'ensemble des techniques visant à optimiser l'usage des ressources de la collectivité en vue de la réalisation d'un objectif. Son sens originel est l'art de conduire, de diriger, de mener.

■ Il y a principalement **deux grands types de management** : le management hiérarchique et le management situationnel.

■ Le **management hiérarchique** se décompose en **quatre catégories** :

- Le **management directif :** il y a d'un côté le donneur d'ordres, de directives, et de l'autre les exécutants. C'est une approche simple et très hiérarchisée ; l'encadrant au style directif s'intéresse aux résultats : il donne des consignes, suit la progression vers les objectifs fixés ; il informe plus qu'il ne communique et prend seul les décisions ; la dynamique relationnelle est donc très réduite.

Les **avantages** du management directif : un cadre rassurant, certains collaborateurs appréciant le fait d'être en permanence cadrés, de savoir très précisément ce qu'ils ont à faire, de se sentir protégés par une hiérarchie ; c'est un style de management efficace dans des situations d'urgence ;

Les **limites** du management directif : une diminution des initiatives individuelles ; l'absence de confiance dans les collaborateurs ; une frustration des collaborateurs ayant le sentiment d'être réduits à de simples pions ; l'encadrant développe un comportement autoritaire, voire autocrate.

- Le **management participatif :** l'encadrant suscite l'engagement, l'implication, la prise d'initiative des collaborateurs ; ceux-ci sont responsabilisés, impliqués dans la prise des décisions, ils participent à la mise en œuvre des objectifs. La communication, le dialogue et la délégation du pouvoir occupent une place essentielle.

Les **avantages** du management participatif : le collaborateur se sent valorisé et reconnu, son autonomie est facilitée, il a plus de liberté d'action ; les échanges, l'expression des points de vue sont favorisés ; cela contribue à une bonne ambiance de travail, les tensions sont atténuées ; l'organisation est plus humaine. Les collaborateurs sont plus proactifs, plus impliqués dans la recherche d'améliorations et de solutions.

Les **limites :** l'encadrant donne trop souvent satisfaction afin d'éviter des désaccords ou conflits ; ce management demande du temps pour donner l'ensemble des informations nécessaires et pertinentes ; le management participatif ne convient pas à tout le monde et ne vaut pas pour toutes les situations, notamment celles de crise ; certains collaborateurs ayant des personnalités moins affirmées peuvent se sentir mis de côté.

– Le **management délégatif** : l'encadrant entend développer la responsabilisation, la capacité d'initiative, l'autonomie et la motivation des collaborateurs ; il indique les missions et les résultats à obtenir et laisse les collaborateurs mettre en œuvre leurs propres modes de faire dans l'exécution.

Les **avantages** du management délégatif : le développement des compétences et potentialités des collaborateurs ; la forte motivation et implication des collaborateurs du fait de la délégation ; le renforcement du respect mutuel, de la confiance ; un climat de travail épanouissant.

Les **limites** du management délégatif : risque de circulation d'informations contradictoires en cas de désaccord entre l'encadrant et un collaborateur ; risque de désorganisation de la hiérarchie dans la mesure où des décisions, à un niveau inférieur, peuvent prendre le pas sur celle du niveau supérieur ; un laisser-faire qui isole l'encadrant de ses collaborateurs ; une tendance à privilégier l'administration des activités plutôt que l'humain ; des collaborateurs livrés à eux-mêmes.

– Le **management persuasif** : l'encadrant va présenter ses convictions, expliquer ses décisions, susciter des échanges ; il consulte pour faciliter ses prises de décisions qui ne sont pas partagées. Il encourage les collaborateurs à mettre en œuvre ses décisions.

Les **avantages** du management persuasif : favoriser l'expression des idées ; créer une équipe plus soudée, plus impliquée ; mobiliser une équipe autour d'une vision commune, partagée ; développer des relations de confiance ; faciliter le travail en mode projet.

Les **limites** du management persuasif : risque d'un encadrant démagogue ; la non-écoute des points de vue des collaborateurs ; un encadrant qui s'éloigne de la réalité opérationnelle ; freine l'initiative.

■ **Mais le management n'est efficace que s'il est adapté – on parle alors de management situationnel :**

– à la situation : une situation de crise ou d'urgence : privilégier le style directif ;

– à l'équipe : face à une équipe qui a l'habitude de travailler ensemble, qui se connaît bien, privilégier le management délégatif. Dans un groupe qui met l'esprit d'équipe au cœur de ses priorités, un management persuasif est plus indiqué ;

– à l'individu : une équipe est composée d'individualités diverses, certains ont besoin d'être rassurés, encadrés, dirigés, privilégier alors un management directif ; d'autres préfèrent avoir plus de latitude, de responsabilités, privilégier alors un management participatif.

Le management hors hiérarchique : management transversal

C'est le management de projet ou management transversal. Le manager transversal est le capitaine de l'équipe missionnée pour atteindre collectivement un résultat. Il va développer des capacités de coordination et de coopération. Il va avoir une équipe ponctuellement dédiée et mettre ainsi la puissance du collectif au service de la mission. Le manager transversal a pour mission de faire faire pour atteindre le résultat fixé par la hiérarchie. Il n'a pas d'autorité hiérarchique.

Le management transversal est un management sans équipe permanente.

Le manager transversal doit agir en leader, être un bon communicant, faire très régulièrement des feed-back, tant individuels que collectifs, savoir être persuasif, savoir mutualiser les compétences, savoir créer un climat facilitant l'adhésion.

2. Deux personnes de votre service viennent se plaindre qu'un agent du service les a volées mais sans aucune preuve. Que faites-vous ?

- Je reçois les deux personnes du service séparément, afin d'avoir un exposé précis et circonstancié des faits qui les amènent à accuser ainsi un collègue. Je les interroge sur l'existence de témoins potentiels et, si tel est le cas, j'interroge ces témoins.
- Ensuite, je reçois individuellement la personne accusée de vol pour avoir sa version des faits et avoir ainsi l'ensemble des informations, permettant d'apprécier et objectiver la situation.
- Je vais réunir les trois agents et rappeler les règles liées à un comportement éthique et au bon fonctionnement d'un service ; je vais m'efforcer d'apaiser les tensions.
- Mais, dans la mesure où il n'y a aucune preuve tangible, il n'est pas possible d'engager la moindre procédure disciplinaire.

3. À quoi sert une fiche de poste ?

■ Selon le contexte, une fiche de poste a plusieurs finalités et intérêts.

■ Elle permet d'identifier, de clarifier les fonctions, les missions, le champ d'action, le niveau de responsabilité de tout collaborateur. La fiche de poste va servir d'appui, lors de l'entretien professionnel annuel d'évaluation, pour évaluer les compétences mobilisées par l'agent pour la réalisation des objectifs fixés. Elle est évolutive et donc traduit la valorisation du parcours professionnel de l'agent. Elle permet de vérifier la bonne adéquation des résultats obtenus en fonction des objectifs définis.

■ La fiche de poste est un support indispensable lors d'une procédure de recrutement pour pourvoir un poste vacant.

■ C'est un outil de dialogue et de gestion individuelle.

■ Une fiche de poste comporte plusieurs éléments :

- l'intitulé du poste et ses caractéristiques : les conditions statutaires, la durée du temps de travail, le service de rattachement ;
- les liaisons hiérarchiques et fonctionnelles qui positionnent l'agent dans la collectivité, et définissent son niveau de responsabilité ;
- la présentation des missions principales et missions secondaires ;
- les sujétions particulières ou difficultés liées au poste ;
- les conditions requises pour accéder au poste (diplômes, formations) ;
- les moyens matériels mis à disposition du poste ;
- les savoir-faire et les savoir-être requis.

4. Vous venez de prendre la direction d'un service de cinq personnes. Quatre agents de votre service souhaitent prendre des congés en même temps. Que faites-vous ?

■ Il importe d'abord de rappeler qu'il vous incombe, en tant que chef de service, de valider les dates proposées par les collaborateurs que vous encadrez. La gestion des congés de votre équipe relève de votre stratégie managériale.

De plus, les règles concernant les modalités de prise de congés doivent être connues de tous. Il importe aussi que vous responsabilisiez vos collaborateurs afin qu'ils se coordonnent dans leur prise de congés.

■ Vous venez de prendre la direction du service, vous n'avez donc pas connaissance de toutes les pratiques antérieures. Il faut donc d'abord vous poser les questions suivantes, notamment :

- Quelles étaient les pratiques antérieures de pose de congés ?
- Est-ce une période de pointe d'activité ou non pour le service ?
- Est-ce que la prise de congés simultanée de quatre agents sur cinq pose difficulté à cette période de l'année ?
- Est-ce que, compte tenu de l'activité, la « permanence » d'une personne est suffisante ou non ?

■ Il peut même être opportun que la majorité des collaborateurs prennent leurs congés en même temps. Pour rappel, certains services ferment totalement durant certaines périodes, pour des raisons techniques (vidange de piscine) ou de faible activité (certaines crèches, etc.).

Donc évitez de dire d'emblée qu'un service doit toujours rester ouvert avec un effectif de 50 % !

Analysez la situation et voyez si elle pose problème ou non.

■ Si la situation pose difficulté, voici le mode opératoire que vous pouvez suivre.

Réunissez vos collaborateurs afin de leur expliquer les difficultés de fonctionnement que cela va entraîner.

Donnez-leur 48 heures pour trouver un compromis.

Si aucun compromis n'est trouvé, il vous appartient d'arbitrer en établissant, de façon équitable, des priorités : donner, par exemple, la possibilité aux collaborateurs ayant des enfants scolarisés de partir en priorité pendant les vacances scolaires et plus les enfants sont en bas âge, plus l'agent est prioritaire sur ses collègues ; tenir compte de ceux dont les conjoints ont des vacances imposées, tenir compte de l'ancienneté dans le service, etc.

Faites en sorte que celui qui aura fait l'effort de différer ses vacances puisse « se rattraper » l'année suivante.

Agissez avec doigté, diplomatie et souplesse, car les congés sont une question sensible.

5. Que signifie le travail en mode projet ?

■ Le travail en mode projet est une nouvelle façon de s'organiser et de travailler. Il est conçu comme une organisation transversale, qui favorise la coopération et la complémentarité des compétences en vue d'atteindre un objectif bien précis. On passe d'un management vertical, hiérarchique, à un management horizontal, transversal.

■ Le travail en mode projet consiste à fédérer, associer, **temporairement**, autour d'un chef de projet, des agents issus de services différents, ayant des compétences distinctes mais complémentaires, en vue de réaliser une commande, de mener un projet à son terme, organiser un événement.

■ Cela permet de raccourcir les circuits de décisions habituels ; cela permet de se focaliser en priorité sur l'atteinte des objectifs. Cela développe la culture du résultat et de la qualité de service.

■ Cela permet d'améliorer les savoir-faire, les compétences internes, de décloisonner les métiers ; cela développe la cohésion entre agents, le partage de valeurs, une certaine fierté d'appartenir à la collectivité, un regain de sens au travail.

■ Cela permet d'utiliser certaines compétences individuelles jusque-là peu sollicitées ; cela développe l'intelligence collective.

6. Comment faites-vous circuler l'information dans votre service ?

■ Un intranet est un réseau informatique interne d'une collectivité ; il permet aux agents de partager des fichiers, de communiquer par courriel, d'accéder directement et plus facilement à certaines informations d'ordre collectif et organisationnel.

■ Il y a plusieurs supports, outils pour faire circuler l'information. Il y a d'abord des **supports écrits** : un journal interne envoyé aux collaborateurs avec la fiche de paie, également accessible sur l'Intranet ; un Intranet est également un support de communication interne apprécié par les agents en raison de sa facilité d'accès. Il permet de donner des informations générales sur l'activité de la collectivité, de valoriser des actions portées par des agents. La messagerie électronique ainsi que les notes écrites permettent de donner de l'information descendante, des consignes, de faire des rappels.

■ Il y a également les **supports oraux** : les réunions de services : c'est un vecteur essentiel pour l'encadrant de faire passer des messages importants et fédérateurs ; c'est le moyen de faire le point sur les dossiers, de donner le même niveau d'information dans un cadre structuré, de recueillir aussi de l'information ascendante de la part des collaborateurs, ces réunions étant également un temps d'échange et de débats.

■ Il y a également les réunions individuelles de point de dossiers avec chacun des collaborateurs, au cours desquelles l'encadrant adapte les messages délivrés selon la nature des fonctions exercées par chaque collaborateur.

■ La circulation de l'information fait partie de la posture managériale, au service d'un fonctionnement efficient de la collectivité. Elle permet de développer un bon climat relationnel et de valoriser les collaborateurs.

■ Il y a aussi **certaines limites** :

- il faut du temps pour l'alimenter et le mettre constamment à jour ;
- il faut aussi veiller à ce qu'il n'y ait pas une surcharge informationnelle ;
- un Intranet n'est pas accessible à tous les agents, et ce pour deux raisons majeures :
  - tous les agents n'ont pas un poste informatique ;
  - il y a des agents qui ne savent pas lire le français ou qui éprouvent de réelles difficultés de lecture (illettrisme/analphabétisme) ; des agents rencontrent aussi d'importantes difficultés dans l'usage et la pratique de l'outil informatique (illectronisme).

7. Quel est l'intérêt d'un Intranet dans une collectivité ?

■ Un Intranet est un réseau informatique interne à la collectivité qui utilise les protocoles de communication et les technologies du réseau Internet.

■ L'objectif d'un Intranet est la mutualisation des connaissances qui constituent le patrimoine intellectuel de la collectivité. C'est un outil du **e-management**.

■ L'Intranet comporte deux volets principaux :

- **Le courrier électronique :** moyen de communication qui démultiplie les possibilités d'échange tant à l'intérieur de la collectivité que vers l'extérieur. Il permet, à chaque personne disposant d'une adresse électronique, de recevoir et d'envoyer du courrier tout en le dématérialisant totalement. C'est un moyen de communication plus réactif, qui modifie les circuits hiérarchiques traditionnels, car moins formel et plus interactif.
- **Une information partagée :** un accès rapide et performant, depuis son poste de travail, à la base documentaire de la collectivité, mise en permanence à jour ; l'information diffusée le plus largement possible est un gage d'efficience pour tous. C'est un moyen de créer des espaces projets, des espaces de travail collaboratifs ; c'est un moyen de développer l'auto-formation en ligne.

■ Les **avantages sont multiples** : une organisation plus rationnelle ; une diminution des coûts de fonctionnement ; une meilleure gestion et circulation de l'information, au demeurant plus structurée et centralisée dans un même espace ; un gain de temps ; une mobilité et des possibilités de télétravail facilitées.

■ Il y a aussi **certaines limites** :

- il faut du temps pour l'alimenter et le mettre constamment à jour ;
- il faut aussi veiller à ce qu'il n'y ait pas une surcharge informationnelle :
- un Intranet n'est pas accessible à tous les agents, et ce pour deux raisons majeures :
  - tous les agents n'ont pas un poste informatique ;
  - il y a des agents qui ne savent pas lire le français ou qui éprouvent de réelles difficultés de lecture (illettrisme/analphabétisme) ; certains agents rencontrent aussi d'importantes difficultés dans l'usage et la pratique de l'outil informatique (illectronisme).

8. Qu'est-ce qu'un bon encadrant ?

■ Encadrer une équipe, diriger un service ne s'improvise pas ; cela exige des qualités, des compétences, en termes de **savoir-faire** et de **savoir-être**.

■ Exemples de **savoir-faire attendus** :
- fixer le cap et donner du sens aux actions ;
- fixer des objectifs clairs, réalistes et atteignables aux collaborateurs ;
- communiquer aux agents les orientations politiques définies par les élus ;
- planifier et répartir le travail entre les collaborateurs ;
- dégager les priorités et hiérarchiser ;
- appréhender une situation complexe dans sa globalité et l'objectiver ;
- déléguer et faciliter l'autonomie ;
- assurer la cohésion de l'équipe ;
- anticiper et résoudre les conflits : savoir fluidifier les relations, savoir réguler ;
- susciter et accompagner le changement en faisant évoluer les pratiques, en étant force de proposition, en adaptant les missions aux évolutions ;
- valoriser les collaborateurs : exprimer clairement sa satisfaction du travail accompli, reconnaître le travail et la contribution de chaque collaborateur ; **la reconnaissance individuelle est un besoin vital** ;
- aider au développement des compétences et potentialités des collaborateurs : capitaliser les réussites mais aussi les échecs, accroître la confiance de chaque collaborateur en ses capacités ;
- réinterroger ses pratiques professionnelles ;
- avoir un sens aigu du service public, de l'intérêt général ;
- pratiquer le management situationnel ;
- décider même si la décision n'est pas pleinement partagée par les collaborateurs.

■ Exemples de **savoir-être attendus** :
- être objectif, impartial, neutre, sans affect ;
- être empathique et bienveillant ;
- être humble ;
- être à l'écoute, de façon active ;
- être cohérent dans les décisions prises ;
- être persévérant et positif ;
- être mesuré et diplomate ;
- être persuasif, convaincant et dynamique ;
- être naturellement charismatique ;
- être calme, tout en faisant preuve de fermeté si la situation l'exige.

9. Quels leviers utilisez-vous pour motiver ou remotiver vos collaborateurs ?

■ Derrière cette question, c'est l'enjeu de la qualité de vie au travail (QVT), du bien-être des agents qui est posé. Un agent épanoui est plus performant, plus impliqué, plus créatif.

■ Le rôle de l'encadrant est fondamental dans le maintien de la performance individuelle et collective ; c'est à lui de motiver, d'encourager et d'accompagner chaque collaborateur au quotidien.

■ Voici quelques exemples de leviers à utiliser :

- la **reconnaissance** : le respect, la reconnaissance, la valorisation du travail accompli par le collaborateur, de ses initiatives, de sa prise de responsabilité, est une réelle source de motivation ;
- la **responsabilisation** : donner de l'autonomie, favoriser l'agilité, l'intelligence individuelle et collective, faire confiance ; inclure les collaborateurs dans la prise de décision, dans le processus de création d'un projet ;
- **donner du sens** aux actions, aux missions ;
- fixer des **objectifs atteignables** ;
- **communiquer** : faire des retours réguliers et constructifs aux collaborateurs ;
- **organiser le travail** afin de réduire le stress : l'encadrant doit identifier les situations génératrices de stress et pouvant entraîner démotivation et désengagement des collaborateurs ; il doit accompagner son équipe dans la gestion de la charge de travail, proposer de la souplesse (télétravail, droit à la déconnexion, etc.) pour la réalisation de certains projets ou tâches ;
- accompagner le **développement des compétences** : la formation est un levier important de la motivation des collaborateurs ; c'est un facteur de remobilisation, de valorisation par l'apport de nouvelles compétences ; c'est aussi la preuve que la collectivité « investit » de l'argent et du temps dans le potentiel des agents ;
- influer sur l'**environnement de travail** : anticiper et faire remonter les besoins ou suggestions des équipes, en termes de matériels, d'aménagement, d'ergonomie, etc. ;
- favoriser la **cohésion d'équipe** : mise en place de temps de convivialité, de points informels.

10. Un manager doit-il savoir tout faire ?

- Il est attendu d'un manager un certain professionnalisme, une expérience de quelques années et une expertise dans certains domaines, mais un manager ne saurait être un expert dans tous les domaines !
- La taille du service ou des services à manager modifie forcément les attendus en termes d'expertise technique ; diriger un service de quatre personnes requiert beaucoup plus d'expertise technique que diriger plusieurs services comportant un total de 350 agents.
- Le manager doit avant tout aider les membres de son équipe à optimiser leurs compétences, leurs savoirs, leur potentiel individuel, leur motivation ; il est de plus en plus attendu, de façon prioritaire, que le manager soit un « leader-coach ».

11 Qu'est-ce qu'un projet d'administration ?

■ Le projet d'administration, c'est le **projet politique de la collectivité**.

■ C'est la feuille de route, généralement sur la mandature de six ans – dans une collectivité territoriale – qui expose les objectifs de la collectivité, les orientations, les engagements pris par la majorité politique, à l'occasion de l'échéance démocratique de mars 2014.

■ C'est un **outil de cohésion**. Le projet d'administration 2014-2020 va fédérer les élus autour des décisions du conseil municipal.

■ C'est le support écrit qui expose aussi la **vocation**, les **valeurs** et les **ambitions** qui rassemblent la majorité politique et s'inscrit ou bien se démarque dans les réalisations et les enseignements du projet d'administration de la mandature précédente.

■ C'est un **outil de pilotage pour le quotidien et le futur**.

■ Le projet d'administration expose les objectifs politiques généraux définis par l'équipe politique.
Il va donc être complété par des **projets de direction/projet de service** qui vont détailler ces objectifs et les traduire en objectifs et actions concrets, tant en ce qui concerne les objectifs permanents que les objectifs ponctuels limités dans le temps.

■ Le projet d'administration s'inscrit dans la démarche plus globale de **management par objectifs**.

■ Le projet d'administration est un outil évolutif. Élaboré pour la mandature 2014-2020, le projet d'administration et, par voie de conséquence, les projets de direction/de service qui le complètent, est actualisé, ajusté, régulièrement, pour tenir compte des évolutions de l'environnement local et territorial, des contraintes financières et budgétaires, des nouvelles décisions des élus.

■ **Le projet d'administration est donc la première échelle stratégique de lecture décrivant l'ambition politique, le projet de direction/de service va en constituer le deuxième niveau de lecture.**

12 Qu'est-ce qu'un projet de direction/de service ?

■ C'est la deuxième échelle de lecture de l'ambition politique, qui découle du projet d'administration.

■ Le projet de service est un **outil essentiel au pilotage administratif**. Il détaille les objectifs du projet d'administration concernant le service, ajoute d'autres objectifs, décrit l'offre de service, précise les indicateurs qui permettront de comparer objectifs et résultats. C'est la mise en œuvre du programme politique, dans chaque secteur.

■ C'est un cadre fédérateur, tourné vers l'avenir ; c'est une référence permanente et globale, exprimant une volonté collective forte et précise, déterminant des principes d'actions.

■ C'est une démarche de **mise en mouvement opérationnelle de l'ensemble du service**. C'est pour cela qu'il requiert la participation de tous.

■ C'est un référentiel partagé d'objectifs et de valeurs. C'est un document d'orientation, de stratégie qui permet à toute l'équipe, en le construisant, avec la hiérarchie directe, d'évaluer le travail, de réfléchir aux fondamentaux du métier, de se projeter dans l'avenir, et de permettre aux élus de statuer en toute connaissance de cause.

■ **Les objectifs d'un projet de direction/service :**

- mobiliser les équipes ;
- développer une plus grande cohésion au sein de l'équipe et des services ;
- développer un management responsabilisant ;
- développer un esprit d'initiative ;
- fédérer les énergies ;
- conduire l'action dans une direction commune largement partagée et acceptée ;
- améliorer l'efficience des collaborateurs, des agents ;
- rendre les actions plus lisibles ;
- donner du sens aux salariés.

■ C'est un **document d'orientation stratégique écrit** contenant notamment les éléments suivants :

- les principales missions du service, les effectifs nominatifs, l'organigramme hiérarchique nominatif détaillé, les fiches de poste, les procédures structurantes du service, les outils de suivi administratif et budgétaire, les prestations proposées, les actions réalisées – sous forme de fiches actions –, les partenariats développés, les moyens dédiés, la stratégie managériale, etc. ;
- les objectifs à atteindre et les moyens matériels et humains nécessaires ;
- les budgets de fonctionnement et d'investissement nécessaires.

■ Un projet de service est un projet mobilisateur et participatif.

13 Qu'est-ce que le contrôle de gestion ?

■ Le contrôle de gestion est une **composante managériale** permettant le pilotage des services, en les orientant vers leur performance, et la restitution des éléments d'appréciation des coûts, des activités et des résultats pour améliorer le rapport entre les moyens engagés et l'activité ou les résultats. Il s'inscrit dans le cadre d'un meilleur pilotage opérationnel des politiques publiques.

■ C'est une démarche de **pilotage de la performance** permettant de renforcer l'autonomie et la responsabilité des gestionnaires publics, qui s'engagent sur des résultats au regard d'objectifs et de moyens clairement définis au préalable, et répondant à l'exigence accrue d'efficacité des résultats (par rapport aux objectifs assignés) et d'efficience des moyens engagés pour la réalisation de l'action publique.

■ Il s'agit donc de maîtriser à la fois :

- l'atteinte des objectifs de performance, avec entre autres, la tenue de tableaux de bord de pilotage ;
- le bon rapport entre les coûts et l'activité déployée ainsi que les résultats, notamment par le dialogue de gestion et l'analyse comparative.

■ Le contrôle de gestion permet donc d'assurer tout à la fois le pilotage des services sur la base d'objectifs et d'engagements de services et la connaissance des coûts, des activités et des résultats.

■ Le contrôle de gestion renforce la cohésion du groupe, les sentiments de reconnaissance et d'appartenance de chaque collaborateur.

■ Le contrôle de gestion vise à améliorer le rapport entre les moyens engagés et les résultats, notamment en préparant le dialogue de gestion sur des bases objectives et en développant les outils nécessaires au pilotage de la performance.

■ Le contrôle de gestion contribue à une meilleure transparence et lisibilité de l'action publique.

14. En quoi l'encadrant est-il un acteur de la sécurité et de la santé de ses collaborateurs ?

■ Pour rappel, dans la fonction publique, une obligation générale de sécurité incombe à l'employeur **(décret du 10 juin 1985)**. L'autorité territoriale est chargée de veiller à la sécurité et à la protection de la santé des agents placés sous son autorité.

■ À côté des acteurs de la santé et de la sécurité au travail (agents de conseil, agents de contrôle, médecins de prévention), tout cadre a un rôle **déterminant** dans le domaine de la santé et de la sécurité vis-à-vis de ses collaborateurs. Il doit **prendre soin de la santé et de la sécurité des agents qu'il encadre.**

■ Ainsi, l'encadrant doit veiller à ce que soient mises en place des procédures permettant la diffusion des informations pertinentes sur la sécurité au travail (ex. : règlement intérieur, consignes particulières au poste de travail). Il doit, si nécessaire, redéfinir les tâches et l'organisation du travail. Il doit veiller au port, par les agents concernés, des vêtements de travail et d'équipements de protection individuelle adaptés à l'activité.

■ Le respect des règles de sécurité est une priorité absolue dont la violation, faite sciemment ou par négligence, peut aboutir à une sanction pénale forte, conformément à l'**article 121-3 du Code pénal** : « les personnes physiques qui n'ont pas causé directement le dommage, mais qui ont créé ou contribué à créer la situation qui a permis la réalisation du dommage ou qui n'ont pas pris les mesures permettant de l'éviter, sont responsables pénalement s'il est établi qu'elles ont, soit violé de façon manifestement délibérée une obligation particulière de prudence ou de sécurité prévue par la loi ».

De même, le fait de causer à autrui, par maladresse, imprudence, inattention, négligence ou manquement à une obligation, de sécurité ou de prudence imposée par la loi ou le règlement, une incapacité totale de travail pendant plus de trois mois, est puni de deux ans d'emprisonnement et de 30 000 euros d'amende. Et en cas de violation manifestement délibérée d'une obligation particulière de sécurité ou de prudence imposée par la loi ou le règlement, les peines encourues sont portées à trois ans d'emprisonnement et à 45 000 euros d'amende, conformément à l'article 222-19 du Code pénal.

■ Le **22 octobre 2013, un protocole d'accord-cadre relatif à la prévention des risques psychosociaux (RPS)** a été signé, pour les trois fonctions publiques : réalisation d'un diagnostic des facteurs de risques psychosociaux, sur la base d'une démarche participative des agents à chaque étape du processus, diagnostic intégré dans des documents uniques d'évaluation des risques professionnels (DUERP) permettant l'élaboration d'un **plan d'action de prévention des risques psychosociaux en 2015. La définition et la mise en œuvre de ces plans d'action relèvent de la responsabilité des chefs de service.**

15. Que savez-vous des risques psychosociaux (RPS) ?

■ Les risques psychosociaux (RPS) recouvrent les risques professionnels d'origine et de nature variées, qui mettent en jeu l'intégrité physique et la santé mentale des agents et ont, par conséquent, un impact sur le bon fonctionnement de la collectivité. On les appelle psychosociaux car ils sont à l'interface de l'individu (le psycho) et de sa situation de travail.

■ Les RPS peuvent se manifester sous diverses formes : stress au travail, sentiment de mal-être, souffrance au travail, incivilités, agressions physiques ou verbales, violences, etc.

■ **Dans les collectivités, en neuf ans, les arrêts maladie ont progressé de 40 % et 8 % des frais de personnels sont dus à l'absentéisme et les arrêts pour maladie professionnelle liés au stress et aux troubles musculo-squelettiques ont fortement augmenté.**

■ **D'où l'accord-cadre du 22 octobre 2013** relatif à la prévention des RPS dans la fonction publique qui oblige chaque employeur public à élaborer un plan d'évaluation et de prévention des RPS pour 2015. Ces plans d'action vont reposer sur une phase de diagnostic associant les agents et devront intégrer les DUERP.

Une circulaire du Premier ministre du 20 mars 2014 a fixé les conditions de mise en œuvre du plan national d'action pour la prévention des risques psychosociaux dans les trois versants de la fonction publique.

■ Le 6 juillet 2016, l'**Anact** et la Direction générale de l'administration et de la fonction publique (**DGAFP**) ont signé une convention de partenariat, visant à améliorer les conditions de travail et la promotion de la qualité de vie au travail dans le secteur public.

L'Anact va ainsi apporter son appui aux démarches de prévention des risques psychosociaux, notamment par :

- concevoir des modules de formation pour le développement d'une démarche QVT à l'intention de plusieurs catégories d'agents publics : chefs de projets QVT, managers (cadres de proximité et cadres supérieurs et dirigeants) ;
- élaborer un kit méthodologique de sensibilisation permettant de mettre en œuvre une démarche de QVT ;
- réaliser un « guide méthodologique » pour évaluer la QVT dans les structures publiques ;
- réaliser un bilan du déploiement de l'accord « RPS » d'octobre 2013.

■ La neuvième édition du baromètre « Bien-être au travail » *La Gazette* – MNT souligne, pour **2018**, une réelle dégradation de la qualité de vie dans la FPT. Voici quelques chiffres clés illustrant cette dégradation.

67 % des agents sondés souffrent d'un **manque de reconnaissance** de la part de leur hiérarchie ou de leurs collègues.

30 % des agents sondés éprouvent une **fatigue nerveuse extrême** à la fin d'une journée de travail et **45 % ressentent une fatigue physique** forte ou très forte.

81 % des agents interrogés ressentent un **niveau de stress** très élevé, lié à la pression de la hiérarchie, des élus, des usagers, des collègues ; **51 % des agents de catégorie C** déclarent mal gérer le stress au travail, contre 41 % des catégories A et 44 % des catégories B.

Seulement 24 % des agents sondés sont satisfaits de leur rémunération, alors qu'elle est considérée comme le premier élément contribuant à leur épanouissement professionnel.

51 % des agents font état de l'absence de dispositif pour prévenir les risques professionnels.

16. Jusqu'où peut-on aller dans la rationalisation des effectifs ?

■ Les charges de personnel ont grimpé de 4 % en 2014, dans les collectivités territoriales. Or, dans le cadre du programme d'économies de 50 milliards d'euros, l'État réduit la DGF allouée aux collectivités : en 2013 et 2014, elle a diminué de 1,5 milliard par an, et elle doit encore refluer de 11 milliards entre 2015 et 2017.

■ Les collectivités territoriales doivent prendre leur part aux efforts de redressement des comptes publics entrepris dans le cadre des engagements européens de la France.

■ Face à cette situation, la montée en puissance de l'intercommunalité doit permettre de développer les démarches de mutualisation des services, et donc optimiser la masse salariale, avec notamment la diminution des effectifs communaux. La maîtrise des finances locales appelle nécessairement un effort important de rationalisation administrative et financière du bloc communal, afin d'éliminer les doublons.

■ Cela amène également les élus à se réinterroger sur le sens des politiques publiques, sur les actions à prioriser, au regard des missions de service public et des objectifs hiérarchisés. Cela passe par l'optimisation des compétences des agents.

■ Il s'agit de développer et d'utiliser au mieux les compétences des agents, tout en anticipant les besoins futurs, dans le cadre d'une démarche de GPEEC.

■ Rationaliser les effectifs est donc positif en termes de gouvernance, sous réserve de ne pas dégrader la qualité du service et les conditions de travail des agents.

■ D'où la nécessité de coupler toute rationalisation des effectifs avec :

- la mise en place d'un management en mode projet ;
- l'élaboration d'un plan prospectif des ressources humaines au regard des choix politiques et du niveau de service que les élus entendent délivrer à la population, portant notamment sur l'évolution des métiers et la formation ;
- la mise à disposition d'outils informatiques performants ;
- l'accompagnement à la conduite du changement.

17. Comment garantir la « bonne » délégation d'une mission d'un encadrant à un collaborateur ?

■ Une « bonne » délégation permet de **motiver ses collaborateurs** : ils s'impliquent davantage, ils prennent des initiatives, ils sont davantage force de propositions et plus autonomes, ils deviennent plus responsables ; leurs compétences sont valorisées.

Elle permet de **mieux maîtriser son temps**, de se concentrer sur les missions essentielles et stratégiques, sur les priorités ; cela aide aussi à prendre de la hauteur, de la distance.

■ Voici **quelques clés** pour réussir une délégation :

– s'assurer que le collaborateur est en capacité, il a les compétences et/ou potentialités ; il a le « profil » pour mener à bien la mission ;

– bien communiquer sur les objectifs et le résultat souhaité ; s'assurer que le collaborateur a bien compris, en reformulant et en faisant reformuler ;

– avoir confiance dans les capacités et potentialités du collaborateur pour réaliser la mission que vous allez lui confier ;

– donner du sens à la mission que vous souhaitez déléguer ;

– ne pas mettre la pression et fixer un délai raisonnable et atteignable de réalisation ;

– donner au collaborateur les moyens nécessaires pour réaliser avec succès la mission ;

– laisser une certaine autonomie au collaborateur, tout en faisant des points réguliers quant à l'avancement du travail ; vous vous assurez ainsi de façon constructive que votre collaborateur est toujours dans la « bonne » direction ;

– être à l'écoute et disponible tout au long de la mission déléguée.

18. Quel est le rôle d'un encadrant vis-à-vis de l'élu ?

■ La production des politiques publiques relève de la responsabilité croisée de l'élu et du cadre. Cette complémentarité implique, pour qu'elle soit la plus efficiente possible, un partage clair des rôles et responsabilités.

■ Le cadre doit se faire **reconnaître comme un manager** par l'élu. Cela nécessite de mettre en œuvre les savoirs suivants :

- un **savoir généraliste :** une culture générale, formatrice de l'esprit ; une culture territoriale, utilisée à bon escient ;
- un **savoir technique :** un ancrage technique métier, une expertise ; la maîtrise d'une réglementation associée ; des qualités de bon gestionnaire ;
- un **savoir-faire managérial :** le pilotage de projets visant à déployer les politiques publiques concernées ; savoir donner du sens ; savoir dire non ; un mode de communication adapté au contexte ; donner des indications claires ; expliquer et informer ; savoir valoriser, savoir reconnaître le travail réalisé ;
- un **savoir-être :** un charisme, un leadership naturel ; être intègre ; être exemplaire ; être constant ; être empathique.

■ Le partage des rôles doit être clairement établi, et ce, à plusieurs niveaux :

– **Au niveau stratégique :** l'équipe politique définit le projet politique, le projet d'administration ; elle hiérarchise les priorités. Le cadre assure la traduction opérationnelle du projet d'administration, au travers d'un projet de direction/de service. Il met en œuvre une multiplicité de projets découlant du projet d'administration, des priorités actées, il procède à leur évaluation et propose des réajustements. Il sert d'appui, de soutien à l'élu, il est force de proposition, il aide à la décision, de par son pouvoir d'expertise ; il a un rôle d'alerte.

– **Au niveau de la relation citoyenne :** l'élu définit le plan de communication, il a un rôle de représentation dans les réunions publiques, il tient des permanences ; il s'efforce de répondre aux attentes de la population. Le cadre va organiser la communication, les réunions, il va apporter la « bonne » réponse, légale, fiable, équitable, technique, etc., il va être le garant du bon accueil de l'usager.

– **Au niveau du personnel :** l'élu participe aux instances du dialogue social : CHSCT, CT, CAP ; lors des tenues de l'assemblée délibérante, il est amené à voter les délibérations qui créent ou suppriment les emplois. L'autorité territoriale, en tant que chef du personnel, signe les arrêtés de recrutement, de nomination, décide des avancements, des sanctions, validait jusqu'au 1er janvier 2015 la note résultant de l'entretien professionnel annuel d'évaluation (notation supprimée depuis le 2 janvier 2015). Le cadre manage les équipes, propose des adaptations ; il a, au niveau managérial, un rôle de pilote, d'animateur, il délègue, contrôle, motive, etc.

– **Au niveau financier/budgétaire :** l'élu participe au débat d'orientation budgétaire, il arbitre et vote le budget, le compte administratif, le compte de gestion, il définit la politique tarifaire. Le cadre réalise le montage du budget, il organise la préparation du budget, il exécute le budget, il établit des tableaux de bord prévisionnels et de suivi, il assure le dialogue et le contrôle de gestion.

– **Au niveau de l'organisation des services :** l'élu adopte l'organigramme, décide de la mise en œuvre d'un projet managérial stratégique. Le cadre manage ses services, rédige les fiches de poste, organise la délégation, propose des évolutions organisationnelles, des redéploiements, des mutualisations, définit le projet de service, élabore le bilan d'activité.

– **Au niveau de la prospective :** l'élu observe les changements de société, relève les expérimentations d'autres élus. Le cadre a un rôle d'information, d'alerte, il suit les évolutions réglementaires, il propose et accompagne les changements, il réalise des études de « *benchmarking* », il communique sur les évolutions grâce aux réseaux professionnels, à la formation.

19. Vous constatez qu'un de vos collaborateurs est dans un état analogue à l'ébriété, que faites-vous ?

■ D'abord, en cas de constat ou de suspicion d'un état d'ébriété, vous devez retirer l'agent de son poste de travail et mettre en œuvre toutes les mesures possibles pour la protection de l'agent, de ses collègues et des usagers. À défaut, la responsabilité propre de l'autorité territoriale pourrait être engagée en cas d'accident.

Vous l'emmenez dans votre bureau afin d'avoir un entretien avec lui : soit l'état de l'agent vous permet d'avoir cet entretien, soit il ne le permet pas.

■ Si l'état de l'agent **ne permet pas ce dialogue**, vous faites venir dans votre bureau l'assistant de prévention ou la police municipale et faites alors pratiquer un contrôle de l'alcoolémie, mais uniquement si l'agent occupe un poste à risque. Prévenez votre supérieur hiérarchique de la situation ainsi que le médecin du travail ou un médecin agréé, voire les pompiers ou le SAMU. Dans ce cas, tenez-vous au courant de l'évolution.

C'est ultérieurement que vous convoquerez l'agent pour un entretien explicatif, avec le cas échéant la mise en œuvre d'une procédure disciplinaire.

Si l'agent adopte un comportement violent, faites intervenir les forces de l'ordre (gendarmerie nationale, police municipale).

■ Si l'état de l'agent **permet ce dialogue**, vous le questionnez d'abord sur les raisons, sur la situation qui a amené à cet état, au vu des signes constatés : troubles de l'élocution, troubles de l'équilibre, odeur de l'haleine, excitation anormale, somnolence, etc.

Cet entretien devrait vous permettre de comprendre la cause de cet état :

- pot de départ, une occasion particulière, etc. ;
- un mal-être professionnel ;
- situation personnelle délicate ;
- alcoolémie chronique jusqu'ici cachée.

Appuyez-vous ensuite sur le règlement intérieur de la collectivité ainsi que sur les obligations statutaires (**devoir d'exemplarité, de dignité**) pour rappeler le cadre à cet agent. Conformément au Code du travail, aucune boisson alcoolisée autre que le vin, la bière, le cidre et le poiré n'est autorisée sur le lieu de travail. La collectivité peut aussi interdire toute introduction d'alcool, si l'intérêt du service le nécessite.

Rappelez aussi à l'agent les conséquences possibles de son état qui peut le mettre en danger, ainsi que ses collègues.

Gardez l'agent avec vous, jusqu'au rétablissement de sa capacité de travail, ou bien demandez à l'assistant de prévention de l'accompagner chez le médecin.

Après autorisation médicale, vous faites raccompagner l'agent à son domicile où un adulte devra être présent pour le prendre en charge ; en aucun cas, vous ne devez laisser l'agent rentrer par ses propres moyens et le laisser seul à son domicile.

Vous faites un rapport écrit sur les faits constatés. Il vous appartient de proposer le niveau de sanction, qui sera différent s'il s'agit d'une première fois, si l'agent s'excuse ou pas, si cet état est récurrent, si cet état a eu des conséquences sur des tiers, etc.

■ Si cela est nécessaire, il est du rôle de l'encadrant d'orienter l'agent vers les personnes et les associations susceptibles de l'informer et de l'aider.

20. Un agent de votre service a été frappé par un usager sur son temps de service, que faites-vous ?

■ L'agent a été victime d'une agression physique. Si cette agression est en lien avec ses fonctions, cette attaque doit être couverte par l'administration ; l'administration se doit de protéger ses agents contre toutes les formes de violences, qu'elles soient physiques, morales, verbales ou écrites, etc. C'est ce qu'on dénomme **la protection fonctionnelle**, en application de **l'article 11 de la loi du 13 juillet 1983** portant droits et obligations des fonctionnaires. Cette protection peut aller, le cas échéant, jusqu'à la réparation des préjudices subis.

■ L'agent va formuler auprès de l'autorité territoriale, chef du personnel, une **demande écrite de protection fonctionnelle**. L'agent doit apporter la preuve des faits au titre desquels il demande la protection fonctionnelle. Un lien entre les fonctions exercées par l'agent et les attaques dont il fait l'objet est nécessaire pour déclencher cette protection fonctionnelle par l'administration, par exemple si un policier municipal est frappé lorsqu'il effectue une patrouille. L'agent peut choisir l'avocat de son choix.

■ L'administration va d'abord vérifier qu'il n'y a pas de faute personnelle de l'agent qui aurait été le fait générateur de cette agression physique, et que les faits qui justifient la demande de l'agent relèvent bien du cadre légal.

L'administration va ensuite pouvoir intervenir de différentes manières :

- une **assistance juridique** de l'agent tout au long de la procédure, sans se substituer à l'agent qui reste maître de sa stratégie de défense, en liaison avec son défenseur ;
- une **prise en charge** de tout ou partie des **frais de justice** sous forme d'avance ou de remboursement (honoraires d'avocat, frais d'huissier, d'expertise, déplacements de l'agent et de son avocat dans le cadre de la procédure, etc.) ;
- des **autorisations d'absence** permettant à l'agent de se rendre aux différents rendez-vous exigés par la procédure de justice.

■ En cas de refus, l'administration doit en informer explicitement l'agent. Le refus doit être motivé et indiquer les voies et délais de recours.

■ Il est à préciser que cette procédure vaut également de la même manière si l'agent est victime d'une agression physique, en dehors du service, dès lors que celle-ci est liée aux fonctions ou à sa qualité d'agent public.

21. Un de vos collaborateurs ne cesse de se plaindre, que faites-vous ?

■ Il importe, en premier lieu, de comprendre les raisons de ce comportement, d'établir un diagnostic de la situation. D'où un dialogue à instaurer avec l'agent concerné :

- Est-ce un manque ressenti de reconnaissance ?
- L'agent éprouve-t-il des difficultés dans son travail, dans l'accomplissement de ses missions, dans son environnement de travail ? Est-il en surcharge de travail ou au contraire en manque d'activité ? A-t-il des difficultés d'ordre personnel ?
- Est-ce un « mode comportemental » ou une réelle souffrance ?

■ S'il s'agit d'un trait de personnalité, non constructif, il faut amener le collaborateur à réfléchir sur les effets de son attitude : dévalorisation par ses collègues, difficulté à s'impliquer, mal-être, repli sur soi et isolement, démotivation, etc. Il faut amener le collaborateur à avoir une attitude positive.

L'encadrant doit réagir d'autant qu'il faut éviter la « contagion » du reste de l'équipe qui pourrait impacter l'ambiance et la qualité du travail, tant collectif qu'individuel.

■ **Plusieurs actions** peuvent être envisagées :

- orienter l'agent vers des professionnels/structures mieux à même de résoudre le problème ;
- examiner ensemble les possibilités de repenser ses missions, ses conditions de travail ; trouver ensemble des solutions, par exemple une mission plus valorisante ;
- s'il s'agit d'une critique permanente, relevant d'un trait de personnalité, il faut rappeler les règles d'un comportement acceptable et, si cela perdure, engager une procédure d'entretien préalable à sanction.

22. Un de vos collaborateurs refuse de se former, que faites-vous en tant que chef de service ?

■ Il y a plusieurs cas de figure à envisager, car la formation, tout en étant un droit, peut aussi être une obligation. Sachant **qu'en premier lieu**, le chef de service **doit** toujours entamer un dialogue avec le collaborateur afin de **comprendre ce qui motive** son refus.

■ Cas de figure d'un **refus de formation obligatoire** :

– S'il s'agit d'une **formation d'intégration**, qui conditionne la titularisation, il importe de rappeler à l'agent que son refus de suivre cette formation l'empêchera d'être titularisé. Il y va de son intérêt de suivre cette formation…

– S'il s'agit d'une **formation de professionnalisation**, dispensée tout au long de la carrière et à l'occasion de l'affectation dans un poste à responsabilité, qui conditionne l'accès à un nouveau cadre d'emplois par **le biais de la promotion interne**, il importe de rappeler à l'agent que son refus de suivre cette formation l'empêchera d'être promu par la voie interne. Il y va de son intérêt de suivre cette formation…

Ces situations sont extrêmement rares, et les agents reviennent très rapidement sur leur posture initiale de refus. Les refus portent surtout sur les autres formations tout au long de la vie, c'est-à-dire les **formations facultatives**.

■ Cas de figure d'un **refus de formation facultative** : il s'agit des formations de perfectionnement en cours de carrière à la demande de l'employeur, des formations de préparation aux concours et examens professionnels, des actions de lutte contre l'illettrisme et pour l'apprentissage de la langue française.

Le rôle du chef de service est alors de convaincre l'agent de l'intérêt, des bénéfices, des avantages, des apports d'une action de formation. Il peut ainsi mettre en avant **les arguments suivants** :

– l'enrichissement et le développement de la personne, tant sur le plan personnel que professionnel ;

– la mise à jour, le développement et la valorisation des compétences et savoir-faire ; et donc un support de motivation ;

– l'aide à la construction du projet professionnel et au déroulement de carrière ;

– l'occasion d'échanger sur les pratiques professionnelles avec des formateurs, avec des collègues d'autres collectivités.

■ Il importe aussi que le chef de service rappelle que le collaborateur est contributeur du service public et donc promoteur des grands principes du service public, notamment celui de l'adaptabilité ; la formation contribue à cette adaptabilité.

23. Deux de vos collaborateurs sont en train de se battre. Vous êtes témoin de cette bagarre, comment réagissez-vous ?

■ D'abord, il faut faire cesser immédiatement la bagarre, soit par votre intervention, soit par celle des forces de l'ordre.

Il faut aussi immédiatement vérifier qu'aucun des deux agents n'est blessé ; si tel est le cas, il importe d'accompagner l'agent chez son médecin traitant ou aux urgences pour qu'il puisse être soigné ; l'agent blessé peut porter plainte contre l'agent agresseur.

Il faudra ensuite établir une déclaration d'accident de travail.

■ Si aucun agent n'est blessé, vous les faites venir tous les deux dans votre bureau. Vous faites un point de la situation et demandez aux agents d'expliquer ce qui a amené une telle situation. Vous prenez note des faits exposés, d'une façon circonstanciée et la plus objective possible ; ces faits seront ensuite consignés dans votre rapport. Vous rappelez aux agents qu'une telle situation est inacceptable et ne saurait se reproduire. Les agents doivent se **comporter avec dignité** (cf. la loi de déontologie d'avril 2016).

■ Vous faites savoir aux deux agents que vous allez faire un rapport transmis au N + 1 ainsi qu'à la DRH, dans la perspective d'un entretien préalable, si possible sous huit jours, dans le cadre d'une procédure disciplinaire. Les agents devraient recevoir très prochainement une convocation à cet effet, par lettre recommandée, avec accusé de réception.

■ Vous proposerez, une fois l'entretien mené, un niveau de sanction adapté à la gravité de la situation. Il est indispensable, même s'il s'agit d'une première fois, de proposer une sanction, sinon les autres agents penseront que des « incidents » de cette nature peuvent se répéter sans crainte.

24. Pouvez-vous expliquer comment se passe une procédure disciplinaire pour une sanction du 1er groupe ?

■ Une procédure disciplinaire est la conséquence d'une faute commise par un agent. Les principes du régime disciplinaire des fonctionnaires territoriaux sont posés par la loi du 13 juillet 1983 portant droits et obligations des fonctionnaires. Toute faute commise par le fonctionnaire dans l'exercice ou à l'occasion de l'exercice de ses fonctions l'expose à une sanction disciplinaire sans préjudice, le cas échéant, des peines prévues par la loi pénale.

■ Le pouvoir disciplinaire appartient à l'autorité territoriale, sachant que pour les sanctions du premier groupe, le conseil de discipline n'est pas préalablement consulté.

■ Dans la mesure où la procédure disciplinaire est enclenchée, cela implique aussi que la faute reprochée à l'agent est matériellement exacte, a été prouvée (rédaction d'un rapport, avec le cas échéant des pièces annexées et numérotées). Ce rapport a été transmis avec la lettre de convocation, envoyée en recommandé avec AR, qui informe l'agent de la mise en place d'une procédure pouvant aboutir à une sanction. Cette lettre doit mentionner les éléments suivants :

- l'indication succincte des faits reprochés ;
- la volonté de prononcer une sanction disciplinaire ;
- la faculté pour le fonctionnaire de prendre connaissance de son dossier individuel au service RH de la collectivité en précisant les modalités (prise de rendez-vous, horaires particuliers) ;
- la possibilité pour l'agent de se faire assister par le ou les conseil(s) de son choix.

L'intéressé doit disposer d'un délai suffisant pour prendre connaissance de son dossier et organiser sa défense (par exemple, 8 jours).

■ **L'entretien préalable**

Vu l'importance du respect des droits de la défense et son caractère contradictoire, il est très vivement recommandé de convoquer l'agent concerné à un entretien préalable à toute possible sanction. L'entretien comporte la communication du dossier individuel de l'agent ; les faits reprochés vont lui être exposés de façon détaillée. L'agent va présenter ensuite ses arguments et observations. L'entretien est une **phase contradictoire de la procédure** qui **ne débouche pas sur une décision définitive**. Il faut que l'autorité territoriale se laisse un délai de réflexion de quelques jours avant de prendre sa décision. Il est très fortement recommandé d'établir un procès-verbal de ce qui a été dit lors de l'entretien par les deux parties et de le faire signer rapidement par les personnes présentes à l'entretien.

■ **Les suites de l'entretien**

Soit l'autorité territoriale renonce à infliger une sanction disciplinaire et arrête en conséquence la procédure ; soit l'autorité territoriale décide d'infliger une sanction disciplinaire, et dans ce cas, elle prononce directement la sanction par voie d'arrêté, notifié à l'agent.

25. Vous venez de prendre la direction d'un service et un de vos collaborateurs arrive toujours en retard, comment réagissez-vous ?

■ Dans un premier temps, vous allez noter précisément les heures d'arrivée du collaborateur, par exemple sur une durée d'un mois, mais aussi ses heures de départ, la durée de son temps de pause méridienne. Il est indispensable que vous ayez ces éléments factuels, avant tout entretien.

■ La façon d'aborder cette situation sera différente, selon la nature des fonctions, le type de poste occupé, si ces retards impactent l'organisation du service, la qualité du service rendu, si un agent est amené ou non à remplacer l'agent retardataire, etc. Vous n'aurez pas la même approche pour le retard d'un agent chargé d'accueil que pour un chargé de mission n'ayant aucun contact avec le public.

■ Dans tous les cas, engagez le dialogue avec l'agent pour comprendre les raisons de ces retards répétés et systématiques et examiner, ensemble, les solutions pour y mettre fin. Vous rappellerez toujours qu'il y a un cadre horaire à respecter et que ces retards peuvent avoir des conséquences sur le bon fonctionnement du service.

■ Selon les fonctions exercées, voici les actions qui peuvent être proposées :
- réaménager les horaires d'arrivée et de départ si ceci n'affecte en aucune manière l'organisation du service et l'exercice des missions ;
- si ces retards posent difficulté, organisez avec la personne concernée un entretien de recadrage, sur la base des éléments factuels, en mettant en évidence les impacts de ces retards ; demandez à l'agent de vous faire des propositions pour remédier à cette situation et échangez avec lui ; donnez-lui un délai raisonnable de régulation, par exemple une semaine. Si au bout d'une semaine, les retards persistent, vous convoquez l'agent dans votre bureau, vous faites état de votre mécontentement et vous lui faites savoir que vous allez faire un rapport écrit, qui va servir d'appui pour un entretien préalable à sanction.

26. Qu'est-ce que le management agile ?

■ Depuis quelques années, les administrations publiques doivent faire face aux évolutions sociétales, aux nouvelles technologies et à la digitalisation, aux attentes des citoyens en termes d'innovation et de participation, à l'optimisation budgétaire. On a donc un environnement en mouvement et « turbulent ».

■ Les administrations doivent donc adapter leurs organisations internes, leurs pratiques managériales, pour continuer d'exercer de façon efficiente leurs missions de service public.

■ Il s'agit de travailler en « équipes projet », très compétentes et polyvalentes, avec une hiérarchie réduite. Le travail en transversalité, le mode collaboratif, le partage des informations, l'innovation, la créativité sont privilégiés.

L'offre de service est coproduite avec les agents, les usagers.

L'intelligence collective est le moteur de ce nouveau type de management : c'est la capacité du collectif à se poser des questions et à trouver ensemble les réponses les plus appropriées.

27. Un de vos collaborateurs a utilisé le véhicule de service pendant le week-end pour effectuer son déménagement. Comment réagissez-vous ?

■ La première « réaction » est celle de vérifier, surtout si vous encadrez un nombre important d'agents, que vous n'avez pas, à titre très exceptionnel, autorisé cette utilisation du véhicule de service ; la mémoire peut parfois faire défaut.

■ Dans l'hypothèse où vous n'avez pas donné cette autorisation, il importe de convoquer le collaborateur afin d'avoir des explications. Vous informez celui-ci de votre connaissance du fait et vous lui demandez pourquoi il a agi ainsi. Vous lui rappelez les règles d'utilisation de tout véhicule de service. Vous lui rappelez aussi ses obligations déontologiques. Dans le cas présent, il a commis une faute personnelle.

■ Une telle situation ne doit pas se reproduire ; vous informez l'agent que vous allez établir un rapport circonstancié qui sera transmis à la DRH et au N + 1. Vous l'informez qu'un courrier va lui parvenir très prochainement dans la perspective d'une convocation à un entretien préalable à sanction.

28. Quels sont pour vous les facteurs de résistance au changement ?

■ La résistance au changement est la **manifestation d'une réticence à modifier ses comportements, ses représentations, ses points de vue, ses modes organisationnels, ses modalités de fonctionnement** pour des raisons autres que ses valeurs personnelles (philosophiques, religieuses, sociales) : refus des nouveautés, des changements des modes de travail, des changements de poste, etc. La résistance au changement est d'une certaine manière inhérente à la nature humaine, le changement étant souvent anxiogène (peur de l'inconnu, de l'incertitude, brouillage des repères).

■ Elle va se manifester par une **absence de prises d'initiatives** innovantes, une **résistance passive ou active aux propositions** des autres, un **refus de modifier son système de pensées et de représentations**, une **certaine inertie comportementale**, des blocages plus ou moins conscients dans la mise en application de certaines modifications, qui vont se solder fréquemment par un échec dans les mois suivants.

■ Cette attitude plus ou moins marquée d'opposition peut avoir plusieurs origines : démotivation, manque de reconnaissance, peur d'une remise en cause des compétences, peur de perdre certains acquis ; un manque de confiance dans les acteurs responsables du changement. Cela peut résulter d'un **manque d'explication claire** quant aux objectifs poursuivis, quant aux enjeux, au sens donné au changement, d'une certaine lassitude par rapport à des solutions toutes faites à la construction desquelles le collaborateur n'aurait en outre pas du tout participé.

■ Il est donc essentiel d'**aider le collaborateur à comprendre le changement et ses causes**, à l'informer sur les objectifs et les enjeux du changement, de l'accompagner, de le soutenir dans le changement, de l'associer dans la construction du changement, selon une temporalité raisonnable et lui mettre en évidence l'intérêt, le bénéfice qu'il a à en retirer.

Il importe de lui **proposer les formations nécessaires** afin de favoriser son évolution personnelle dans le nouveau contexte.

Il importe de **choisir le moment propice** pour le changement ; il importe que le niveau de changement ne soit pas trop grand pour être facilement assimilé par le collaborateur.

29. Un agent a-t-il le droit d'aller sur Internet à des fins personnelles avec l'ordinateur de la collectivité ?

■ Les agents de la fonction publique doivent respecter des obligations déontologiques dont l'essentiel a été fixé par la loi du 13 juillet 1983 relative au statut général des fonctionnaires.

■ Mais les blogs, les réseaux sociaux, l'utilisation d'Internet deviennent de nouveaux canaux d'expression et conduisent à redéfinir l'usage des nouvelles technologies de l'information par le fonctionnaire. La hiérarchie est particulièrement sensible à l'utilisation des ordinateurs professionnels à des fins personnelles.

■ L'autorité territoriale peut fixer des conditions et limites pour réguler l'utilisation d'Internet, dissuader de tout usage abusif : dispositifs de filtrage de sites non autorisés, interdiction de télécharger certains logiciels, de se connecter à un forum, etc. Nombre de collectivités ont adopté des chartes informatiques pour encadrer les usages d'Internet sur le temps de travail.

■ **Surfer est donc toléré dans des proportions raisonnables, équilibrées et proportionnées.**

Un agent, comme tout salarié, a droit à une vie privée sur les lieux du travail, pendant les temps professionnels. Ceci a été consacré par la jurisprudence. Il peut en conséquence communiquer avec ses proches, passer un appel non professionnel, etc. Lui interdire totalement d'utiliser Internet à des fins privées serait une restriction disproportionnée à l'exercice d'un droit.

■ La collectivité doit informer les agents des dispositifs mis en place, des modalités de contrôle de l'utilisation d'Internet, de la durée pendant laquelle les données de connexion sont conservées.

■ De plus, quand la collectivité met en place un dispositif de contrôle individuel des agents pour relever les connexions, les sites visités, poste par poste, le traitement ainsi mis en œuvre doit être déclaré à la CNIL, sauf si un correspondant informatique et libertés a été désigné, auquel cas aucune déclaration n'est nécessaire. Un salarié peut par ailleurs être sanctionné s'il ne se conforme pas à la charte de l'entreprise sur l'utilisation d'Internet au bureau.

■ Aussi, une utilisation abusive peut constituer une faute justifiant une procédure disciplinaire.

30. Que signifie pour vous la notion de neutralité bienveillante ?

- C'est avoir une posture d'écoute active, afin de créer une situation de communication basée sur la confiance et l'empathie à l'égard des collaborateurs. Ceux-ci vont se sentir à l'aise pour exprimer ce qui est important pour eux.
- Les collaborateurs vont ainsi immédiatement percevoir la disponibilité de leur encadrant pour échanger, réfléchir, trouver des solutions avec eux.
- Être tourné vers leur parole, centrer sa posture d'écoute sur la personne.
- Faire dire plutôt que de dire.
- Poser des questions ouvertes.
- Au cours d'un entretien, reformuler, synthétiser les propos des collaborateurs, de façon régulière.
- S'en tenir aux faits concrets et objectifs.
- Encourager régulièrement les collaborateurs, valoriser leurs initiatives, les remercier de leurs contributions, leur dire clairement qu'on a besoin d'eux, qu'on est satisfait de leurs résultats. Il faut donc insister sur la complémentarité mutuelle des compétences et savoir-faire.
- Donner régulièrement des signes de reconnaissance, mettre en avant d'abord leurs talents, leurs potentialités, leurs forces ; ce n'est que dans un second temps que sont évoqués les points à améliorer.
- C'est la bienveillance qui renforce, sécurise, pose un cadre de confiance et participe au développement de la prise d'initiative et d'autonomie.

31. Qu'est-ce que la GPEEC ?

■ La **gestion prévisionnelle de l'emploi, des effectifs et des compétences** (GPEEC) correspond à la conception, la mise en œuvre et le suivi de politiques et de plan d'action cohérents :

- visant à réduire, de façon anticipée, les écarts entre les besoins et les ressources humaines de la collectivité, tant en termes d'effectifs que de compétences ;
- en fonction d'objectifs à moyen terme bien identifiés ;
- en impliquant chaque agent, dans le cadre d'un projet d'évolution personnelle.

■ Une démarche GPEEC repose sur différentes étapes :

- la définition des orientations stratégiques de la collectivité et ses projets d'évolution ;
- la réalisation d'un état des lieux des besoins, les **emplois actuels**, et des ressources disponibles, les effectifs et les compétences ;
- l'identification des perspectives d'évolution, des **besoins futurs** ;
- la mesure des écarts entre l'existant et ce vers quoi on tend ; c'est le **diagnostic** ;
- la construction d'un **plan d'action** de la politique de gestion des ressources humaines.

■ Les **outils d'analyse** nécessaires à la construction et à la mise en œuvre de la démarche GPEEC sont généralement les suivants :

- le référentiel des métiers et des compétences ;
- les fiches métiers ;
- les fiches de poste ;
- la pyramide des âges ;
- les flux des entrées et des sorties.

■ La GPEEC est forcément corrélée au plan de formation, à la mobilité interne et/ou externe, à l'évaluation annuelle, à la politique de recrutement.

32. Qu'est-ce qu'une démarche QVT ?

■ Selon l'accord national interprofessionnel (ANI) sur l'égalité professionnelle et la qualité de vie au travail, de juin 2013, la qualité de vie au travail (QVT) désigne l'ensemble des actions qui permettent de **concilier l'amélioration des conditions de travail pour les salariés et la performance globale des entreprises**.

■ Dans le **secteur public**, l'amélioration de la qualité de vie au travail regroupe toutes les actions qui permettent de combiner **qualité des conditions de vie et de travail des agents et qualité du service public**. Elle s'appuie fortement sur l'expression et la participation des agents.

Il s'agit d'un processus social concerté, centré sur l'amélioration des conditions du travail (contenu, organisation, etc.) à des fins de développement des personnes et des services.

■ La QVT englobe l'ambiance de travail, l'intérêt du travail, la culture de la collectivité, les conditions de travail, le sentiment d'implication, le degré d'autonomie et de responsabilisation, l'égalité, un droit à l'erreur accordé à chacun, une reconnaissance et une valorisation du travail effectué. Elle vise un sentiment partagé, au niveau collectif et individuel, de bien-être au travail.

■ La QVT permet de déterminer, de façon collective et partagée, des objets particuliers de travail : le management transversal, le télétravail, la prévention des risques professionnels et des risques psychosociaux, la gestion de l'absentéisme, la conduite d'un projet d'administration et de projets de service, etc.

33. Que savez-vous de l'accord de 2016 sur la modernisation des parcours professionnels, des carrières et des rémunérations des fonctionnaires (PPCR) ?

■ L'accord de 2016 prévoit une **rénovation importante des carrières et des rémunérations**.

■ Il y a d'abord la refonte des grilles indiciaires avec la revalorisation des indices bruts (IB) et des indices majorés (IM), étalée sur quatre ans, en fonction de la catégorie (A, B ou C) et en fonction du cadre d'emplois.

■ Il y a aussi la réorganisation des carrières, pour l'ensemble des cadres d'emplois (catégories A, B et C).

■ Il y a enfin la création d'une cadence unique d'avancement d'échelon et la suppression de l'avancement d'échelon à l'ancienneté minimale (ou au choix) et à l'ancienneté maximale.

■ Compte tenu des contraintes budgétaires, la mise en œuvre des mesures statutaires et indiciaires du protocole PPCR (prévues normalement au 1er janvier 2018) a été décalé au 1er janvier 2019. Ainsi, les revalorisations indiciaires prévues de 2018 à 2020 ont été reportées de 2019 à 2021.

34. Quelle importance a pour vous la formation ?

■ La formation professionnelle est un élément fondamental des politiques RH, d'une démarche de GPEEC. La formation représente un enjeu majeur dans le contexte actuel de transformation de l'action publique.

■ La formation est un outil permettant de professionnaliser les agents, d'améliorer et perfectionner leurs compétences, leur niveau d'expertise ; cela permet de mieux faire face aux changements organisationnels et numériques.

C'est un instrument essentiel d'accompagnement des parcours et de facilitation des transitions professionnelles.

C'est un outil de valorisation du capital humain.

■ Le compte personnel de formation est la traduction de cette importance de la formation tout au long de la vie professionnelle.

35. Comment gérer un collaborateur « difficile » ?

■ Un collaborateur « difficile » est un agent ayant une personnalité très affirmée, ou « complexe » : un « emmerdeur », un râleur permanent, une attitude toujours méprisante, un agent très souvent absent pour « trois fois rien », un comportement systématiquement négatif, une personne faisant régulièrement circuler des rumeurs, une personne de mauvaise foi, etc.

■ Dès que la personne « difficile » est identifiée, il importe d'organiser très vite un entretien avec elle, l'objectif étant de comprendre, de la façon la plus objective, neutre, diplomatique et empathique, les raisons de son comportement. Il faut en parler franchement, mais avec doigté et tact. Prenez aussi, avec délicatesse, la température auprès d'autres encadrants, quant à la nature de leurs relations professionnelles avec cette personne ; voyez également si le reste de l'équipe est affecté par ce comportement.

Si après cet échange, la situation continue, il importe de mettre en place des **mesures de protection**.

■ Il faut « **protéger** » **les réunions**.

Vous savez que cette personne va perturber chaque réunion de travail que vous organisez. Aussi, quelques astuces :

- précisez au préalable, par mail, l'ordre du jour et ce que vous attendez de chacun des participants ; c'est un contrat implicite que vous rappellerez en introduction de la réunion ;
- dès le début de chaque réunion, expliquez ce que vous attendez de cette réunion ;
- rencontrez, si nécessaire, rapidement le collaborateur, avant la réunion pour connaître les points sur lesquels il veut intervenir, reprécisez-lui clairement que chacun aura le même temps de parole.

■ Il faut **vous protéger en tant qu'encadrant :**

- sachez garder une bonne distance, tant physique que psychologique, pour ne pas être fragilisé dans l'accomplissement de votre mission ;
- veillez à ce que la situation ne se retourne pas contre vous ;
- ne pas laisser de trace écrite de vos échanges qui ne concerneraient pas directement le travail, l'exercice des missions ; s'abstenir de tout propos écrit relevant de l'affect ;
- par contre, consignez systématiquement par écrit les messages déplacés, irrespectueux, agressifs de l'agent ; ils seront utiles en cas de procédure disciplinaire.

■ Il faut **alerter la hiérarchie**. Il ne faut pas rester seul dans la gestion quotidienne d'une personnalité difficile ; il faut porter à la connaissance de votre hiérarchie l'ensemble des points ayant un impact négatif sur la qualité du travail, l'organisation du service, les conditions de travail. Votre hiérarchie pourra aussi servir de médiateur dans la gestion de cette personnalité difficile.

36. Votre supérieur hiérarchique vous harcèle moralement, de façon avérée. Que faites-vous ?

■ La loi portant statut des fonctionnaires du 13 juillet 1983 modifiée stipule qu'« aucun fonctionnaire ne doit subir les agissements répétés de harcèlement moral qui ont pour objet ou pour effet une dégradation des conditions de travail susceptible de porter atteinte à ses droits et à sa dignité, d'altérer sa santé physique ou mentale ou de compromettre son avenir professionnel ».

■ Le harcèlement moral suppose donc la réunion de **plusieurs conditions cumulatives dont l'agent doit apporter la preuve** :

- l'existence « d'**agissements répétés** de harcèlement moral », par exemple : mesures pour isoler l'agent, diminution des missions confiées, mise au placard, privation de travail, surcharge volontaire de travail, changement d'affectation non justifié, pressions psychologiques, dénigrement, brimades, injures, etc. Il faut prouver le caractère répétitif de ces agissements ;
- la **dégradation avérée des conditions de travail** de l'agent : dégradation des moyens matériels nécessaires à l'exercice des fonctions, altération des relations, etc. ;
- une **atteinte particulière** portée à l'agent : atteinte aux droits, atteinte à la santé mentale ou physique, atteinte à la dignité.

■ L'agent doit apporter la preuve de l'existence de faits permettant de présumer l'existence d'un harcèlement ; le supérieur hiérarchique, auteur du harcèlement moral, doit, quant à lui, prouver que ces agissements ne sont pas constitutifs de harcèlement.

■ Les **moyens** dont dispose l'agent victime de harcèlement moral avéré sont les suivants :

- possibilité de demander, par écrit, la protection fonctionnelle à sa collectivité, notamment pour couvrir les frais d'avocat, pour indemniser le préjudice subi ;
- informer le CHSCT (futur CSE), la médecine professionnelle, de cette situation.

Ainsi, le CHSCT (futur CSE) joue un rôle très important dans la lutte contre le harcèlement moral du fonctionnaire :

- possibilité de faire valoir son droit de retrait, en cas de danger grave et imminent ;
- possibilité de saisir le Tribunal administratif d'un **référé liberté**.

■ Une situation avérée de harcèlement moral peut aboutir à deux ans de prison et 30 000 euros d'amende pour l'encadrant « harceleur » ; la responsabilité de la collectivité peut être engagée.

37. Vous constatez qu'un de vos collaborateurs porte un signe distinctif d'appartenance religieuse, que faites-vous ?

■ Tout d'abord, vous dites à ce collaborateur de venir dans votre bureau afin d'engager avec lui un dialogue. Commencez par lui demander s'il comprend pourquoi vous l'avez convoqué dans votre bureau ; il se peut qu'il se rende compte immédiatement par lui-même de son « oubli » quant au fait d'avoir conservé un signe distinctif d'appartenance religieuse et il s'excuse tout de suite. L'affaire est close.

■ Autre cas de figure : le collaborateur ne comprend pas pourquoi il se retrouve dans votre bureau. Vous lui expliquez la raison de l'entretien, à savoir le port d'un signe distinctif d'appartenance religieuse. Vous lui rappelez les **droits** ainsi que les **obligations** de tout fonctionnaire/agent public liés au respect du principe de **laïcité**, en application de la loi de déontologie d'avril 2016 :

- liberté de pratiquer le culte de son choix (ou de ne pas pratiquer) ;
- liberté d'exprimer ses convictions religieuses, mais en dehors du service ;
- principe de stricte neutralité dans l'exercice des fonctions : pas de prosélytisme, aucun signe visible distinctif d'appartenance religieuse, égalité de traitement des usagers, sans discrimination de quelque nature que ce soit.

■ Dans le cas présent, l'agent n'a pas respecté le principe de stricte neutralité, le principe de laïcité. Vous lui demandez de retirer ce signe immédiatement. Soit l'agent obéit et s'il s'agit d'une première fois, l'affaire est close.

Si l'agent refuse ou s'il s'agit d'une récidive, il importe de faire un rapport écrit quant au comportement de l'agent, en rappelant de façon circonstanciée les faits ; vous allez transmettre ce rapport au N + 1 et à la DRH. Vous informez l'agent de cette transmission et lui indiquez qu'il va prochainement recevoir une convocation, dans le cadre d'un entretien préalable à sanction.

Suite à cet entretien, il serait préconisé de proposer un avertissement, voire un blâme, selon le comportement de l'agent durant cet entretien.

38. Comment remobilisez-vous un agent démotivé, à six mois de la retraite ?

■ Ce n'est pas toujours une situation facile, notamment sur le plan humain.

■ En premier lieu, il importe d'avoir un temps d'échange approfondi avec l'agent : cela va permettre de faire le point sur l'ensemble du parcours professionnel (et de le valoriser), les compétences acquises, le niveau d'expertise, évoquant aussi bien les points positifs que les difficultés rencontrées tout au long de la vie professionnelle.

C'est l'occasion aussi d'identifier les raisons, les causes de la démotivation, qui peuvent être aussi bien d'ordre professionnel que privé : usure professionnelle, gestion routinière des dossiers, un temps trop long sur le même poste.

■ Voici les **solutions possibles** à travailler **ensemble**, d'un commun accord :

- proposer une nouvelle mission, qui constituerait un nouveau défi raisonnable ;
- proposer un aménagement de poste, par exemple un temps non complet, permettant à l'agent de souffler et/ou de s'investir dans d'autres activités à caractère privé ;
- contribuer à la formation des autres agents du service à la reprise de ses dossiers ; transmission des compétences ;
- participer à la formation du futur agent qui va être recruté pour le remplacer, si un recrutement est prévu ; ce « tuilage » ou ce tutorat est un moyen de valoriser les compétences de l'agent et de faciliter la prise de fonction du nouvel arrivant. Dans le cadre d'un tutorat, une rémunération supplémentaire pourrait être accordée.

Questions supplémentaires soumises à la réflexion (sans corrigé)

– Qu'est-ce qu'une Charte du management ? Quelle est son utilité ?

– Quels sont les atouts mais aussi les limites du management en transversalité ?

– Qu'est-ce que le management situationnel ?

– Qu'est-ce que le travail en transversalité : ses avantages, ses limites ?

– Votre maire a un projet de construction et veut absolument faire travailler une entreprise de votre commune. Qu'est-ce que vous pouvez faire ?

– Le manager doit-il privilégier les résultats au détriment des relations avec son équipe ?

– Comment abordez-vous la notion de pouvoir hiérarchique dans votre pratique professionnelle ?

– Comment pouvez-vous gérer un agent déprimé ?

– Le maire demande qu'un prestataire arrive en premier dans une procédure de marché public. Comment réagissez-vous par rapport à cette demande ?

– Comment « récompenseriez-vous » les qualités d'un de vos collaborateurs ?

– Vous prenez la responsabilité d'un service, comment organisez-vous votre première journée de prise de fonctions ?

– On parle de millefeuille territorial : quel est l'échelon qu'il vous semblerait pertinent de supprimer ?

– Y a-t-il toujours une solution aux questions de management ?

– Quelle est la différence entre un usager et un contribuable ?

– Que pensez-vous de la diminution des dotations de l'État ?

– Que pensez-vous du cumul des mandats ?

– Que pensez-vous de la rémunération au mérite ?

– Que proposez-vous pour améliorer le bien-être des collaborateurs ?

– Qu'est-ce que la neutralité bienveillante ?

– Comment procédez-vous pour fixer des objectifs motivants à vos collaborateurs ?

– Comment un manager peut-il faire évoluer les compétences de ses collaborateurs ?

– Que signifie pour vous la notion d'efficience du service public ?

– Qu'est-ce que le management par objectifs ?

– Malgré plusieurs relances, un de vos collaborateurs ne rend pas son travail, que faites-vous ?

– Lors d'un pot de départ dans la collectivité, l'alcool est-il autorisé ou interdit ?

– On vous demande d'élargir les horaires de votre service d'accueil au public, comment procédez-vous ?

– Vous venez de prendre la responsabilité d'un service. Une réorganisation est nécessaire, comment procédez-vous ?

– Un de vos collaborateurs va voir votre N + 2 pour se plaindre de harcèlement moral de votre part. Comment réagissez-vous ?

– Deux agents de votre service, qui travaillent ensemble, ne s'entendent plus. Que faites-vous ?

– Comment feriez-vous pour lutter contre l'absentéisme dans votre équipe ?

– Comment menez-vous un entretien annuel d'évaluation ?

Achevé d'imprimer en novembre 2020
sur les presses de la SEPEC (France)
Numéro d'impression : 09463201067
Numéro d'éditeur : MAGSI-202010 49
Dépôt légal : janvier 2020

IMPRIM'VERT®

PEFC™ 10-31-1470 / Certifié PEFC / Ce produit est issu de forêts gérées durablement et de sources contrôlées. / pefc-france.org